교 재 교재 내용 문의는 EBS 중학사이트
내 용 (mid.ebs.co.kr)의 교재 Q&A 서비스를
문 의 활용하시기 바랍니다.

교 재 발행 이후 발견된 정오 사항을 EBS 중학사이트
정오표 정오표 코너에서 알려 드립니다.
공 지 교재 검색 ▶ 교재 선택 ▶ 정오표

교 재 공지된 정오 내용 외에 발견된 정오 사항이
정 정 있다면 EBS 중학사이트를 통해 알려 주세요.
신 청 교재 검색 ▶ 교재 선택 ▶ 교재 Q&A

📖 정답과 해설 PDF 파일은 EBS 중학사이트(mid.ebs.co.kr)에서 내려받으실 수 있습니다.

평생을 살아가는 힘, **문해력**을 키워 주세요!

문해력을 가장 잘 아는 EBS가 만든 문해력 시리즈

예비 초등 ~ 중학

문해력을 이루는 핵심 분야별 / 학습 단계별 교재

우리 아이의 **문해력 수준은?**

더욱 효과적인 문해력 학습을 위한
EBS 문해력 진단 테스트

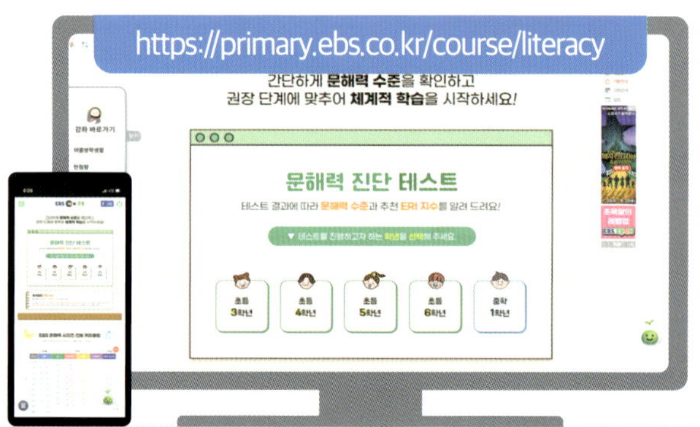

등급으로 확인하는
문해력 수준

문해력 등급 평가
초1 - 중1

어휘가 문해력이다

중학 1학년 1학기

교과서 어휘 완성

교과서 내용을 이해하지 못하는 우리 아이?
평생을 살아가는 힘, '문해력'을 키워 주세요!

'어휘가 문해력이다'
어휘 학습으로 문해력 키우기

1 교과서 학습 진도에 따라
과목별(국어/사회·역사/수학/과학)·학기별(1학기/2학기)로 어휘 학습이 가능합니다.

교과 학습을 위한 필수 개념어를 단원별로 선별하여 단원의 핵심 내용을 이해하도록 구성하였습니다.
교과 학습 전 예습 교재로, 교과 학습 후 복습 교재로 활용할 수 있도록 필수 개념어를 엄선하여
수록하였습니다.

2 교과 어휘를 학년별 2권, 한 학기별 4주 학습으로
단기간에 어휘 학습이 가능합니다.

한 학기에 240여 개의 중요 단어를 공부할 수 있습니다.
쉬운 뜻풀이와 교과서 내용을 담은 다양한 예문을 수록하여 학교 공부에 직접적으로 도움을 주고자
하였습니다.
해당 학기에 학습해야 할 중요 단어를 모두 모아 한 번에 살펴볼 수 있고, 국어사전에서 단어를 찾는
시간과 노력을 줄일 수 있습니다.

3 관용어, 속담, 한자 성어, 한자, 영문법 어휘 학습까지 가능합니다.

글의 맥락을 이해하고 응용하는 데 도움이 되는 관용어, 속담, 한자 성어뿐만 아니라 중학 교육용
필수 한자, 중학 영문법 필수 어휘 학습까지 놓치지 않도록 구성하였습니다.

4 확인문제와 주간 어휘력 테스트를 통해 학습한 어휘를 점검할 수 있습니다.

뜻풀이와 예문을 통해 학습한 어휘를 교과 어휘별로 바로바로 점검할 수 있도록 다양한 유형의
확인문제를 수록하였습니다.
한 주 동안 학습한 어휘를 종합적으로 점검할 수 있는 주간 어휘력 테스트를 수록하였습니다.

5 효율적인 교재 구성으로 자학자습 및 가정 학습이 가능합니다.

학습한 어휘를 해당 교재에서 쉽게 찾아볼 수 있도록 과목별로 '찾아보기' 코너를 구성하였습니다.
'정답과 해설'은 정답과 자세한 해설을 실어 스스로 공부할 수 있도록 하였습니다.

# 이 책의 구성과 특징

1

교과서 어휘 국어/사회·역사/수학/과학

교과목·단원별로 교과서 속 중요 개념 어휘와 관련 어휘로 교과 어휘 강화!

한자 어휘, 영문법 어휘

중학 교육용 필수 한자, 연관 한자어로 한자 어휘 강화!
중학 영문법 필수 어휘로 영어 독해 강화!

- 모든 출판사의 교과서 속 핵심 어휘를 엄선하여 교과목 특성에 맞게 뜻과 예문을 이해하기 쉽게 제시했어요.
- 어휘를 이해하는 데 도움이 되는 그림 및 사진 자료를 제시했어요.
- 대표 한자 어휘와 연관된 한자 성어, 영문법 필수 어휘에 적합한 예문을 제시했어요.

2

확인문제

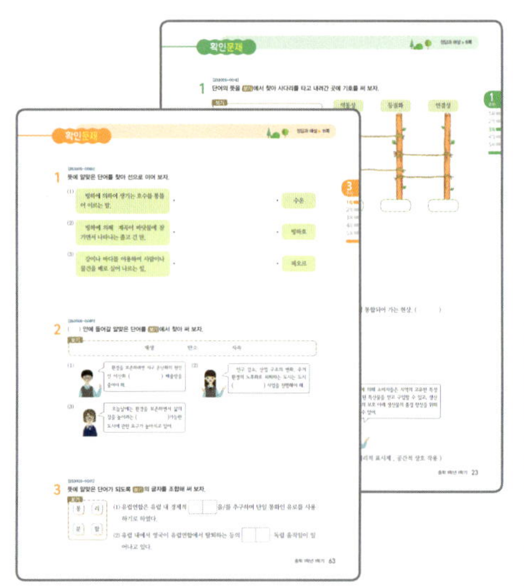

교과서(국어/사회·역사/수학/과학) 어휘, 한자 어휘, 영문법 어휘 학습을 점검할 수 있는 다양한 유형의 확인문제 수록!

3

어휘력 테스트

한 주 동안 학습한 교과서 어휘, 한자 어휘, 영문법 어휘를
종합적으로 점검할 수 있는 어휘력 테스트 수록!

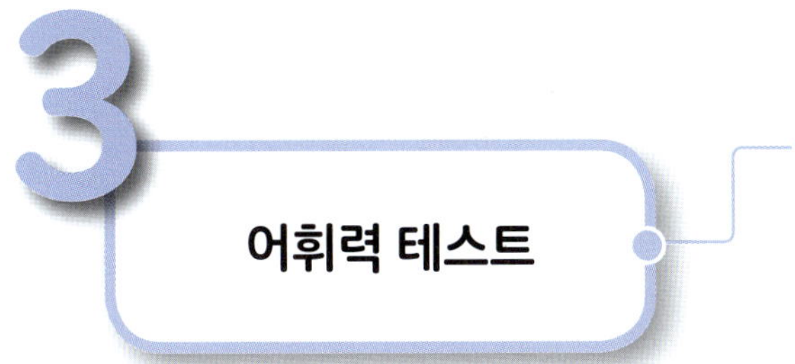

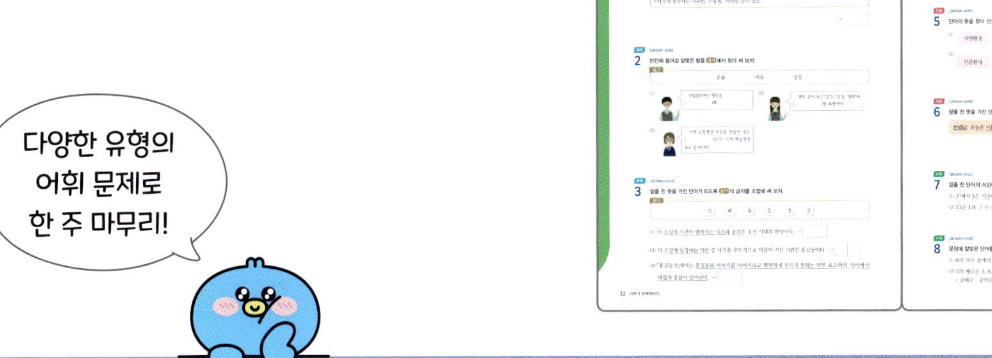

찾아보기

학습한 어휘를 찾아보기 쉽게 교과목별
ㄱ, ㄴ, ㄷ, … 순서로 정리했어요.

정답과 해설

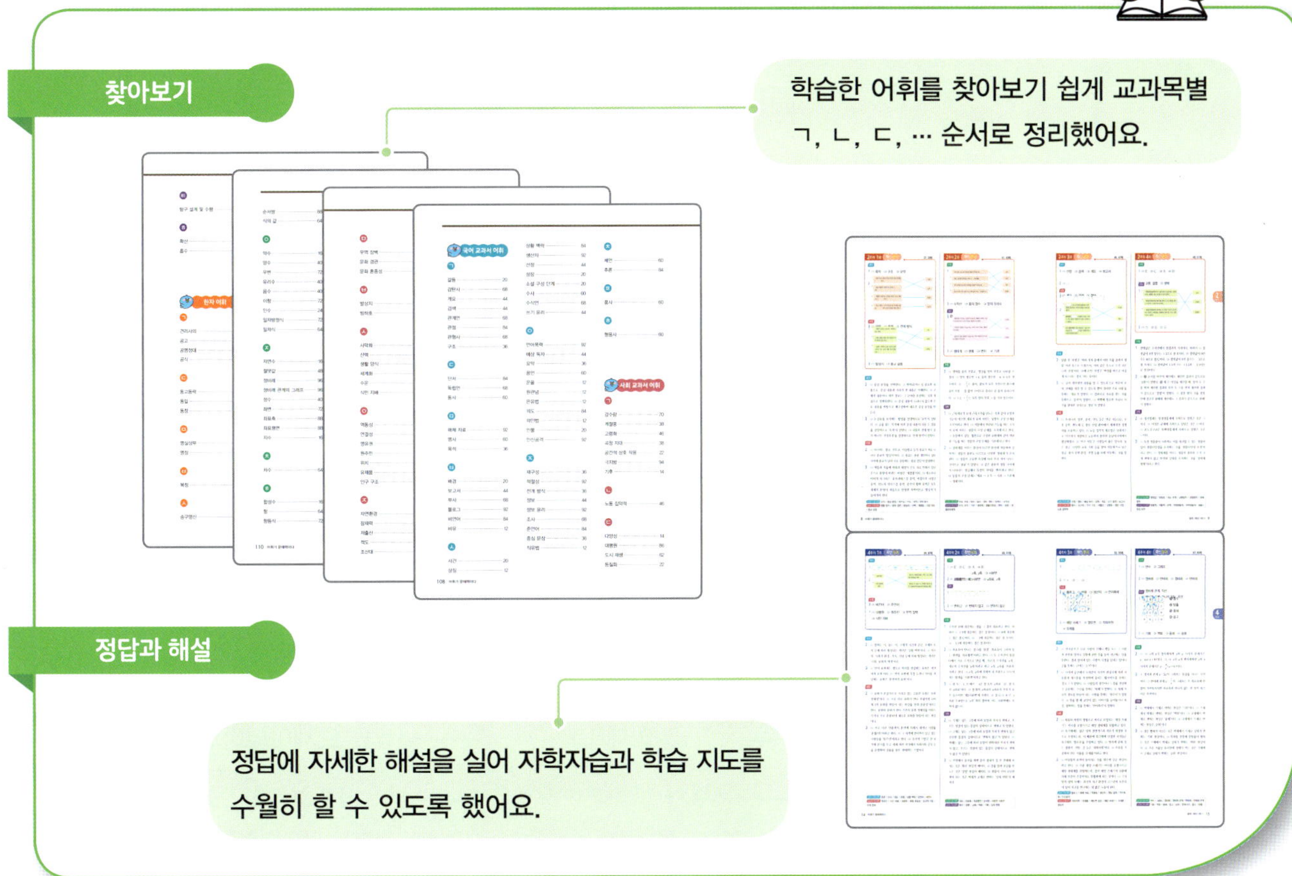

정답에 자세한 해설을 실어 자학자습과 학습 지도를
수월히 할 수 있도록 했어요.

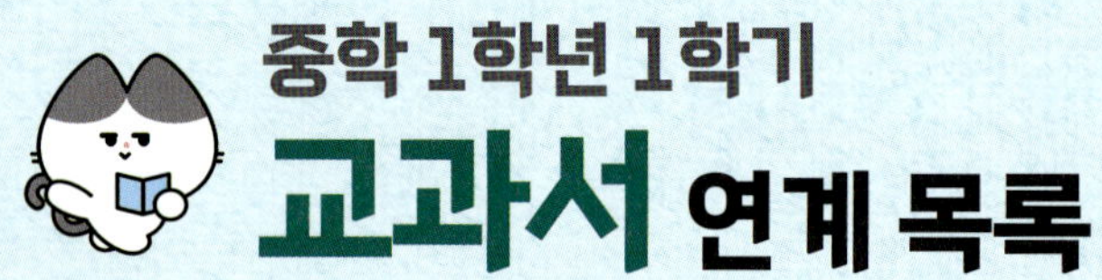

중학 1학년 1학기
교과서 연계 목록

✏️ 『어휘가 문해력이다』에 수록된 모든 어휘는 중학 1학년 1학기 국어, 사회, 수학, 과학 교과서에 실려 있습니다.

✏️ 교과서 연계 목록을 살펴보면 과목별 교과서의 단원명에 따라 학습할 교재의 쪽을 한눈에 파악할 수 있습니다.

✏️ 교과서 진도 순서에 맞춰 교재에서 해당하는 학습 회를 찾아 효율적으로 공부해 보세요!

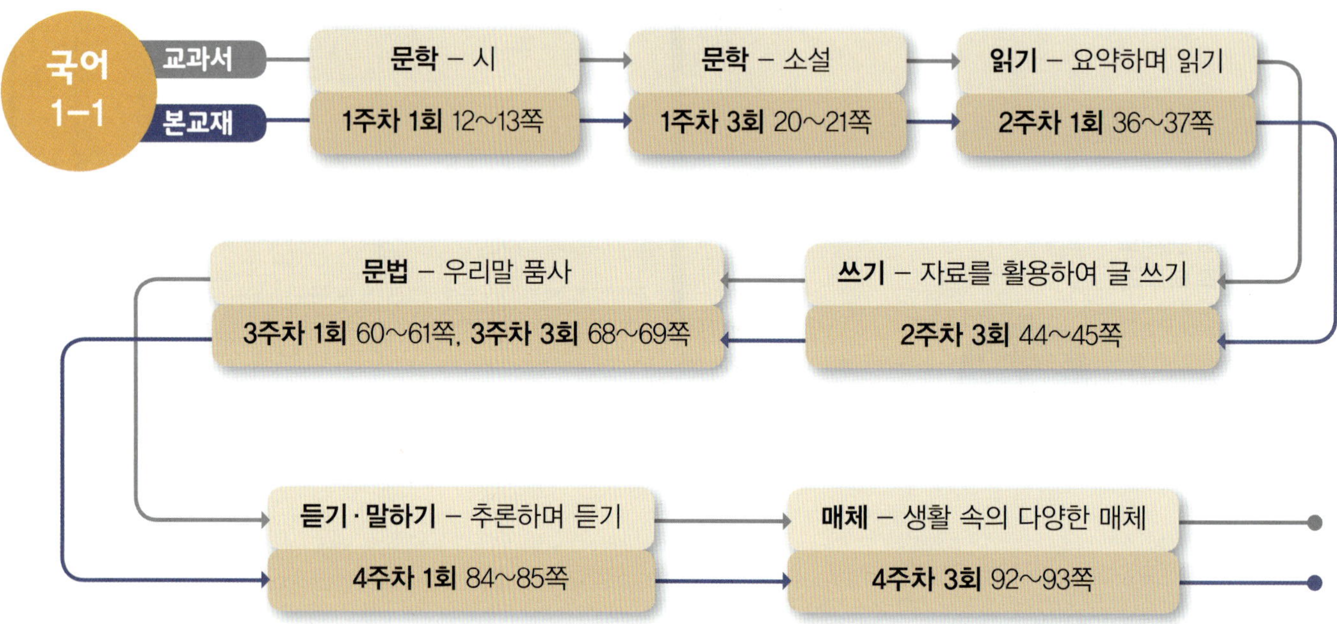

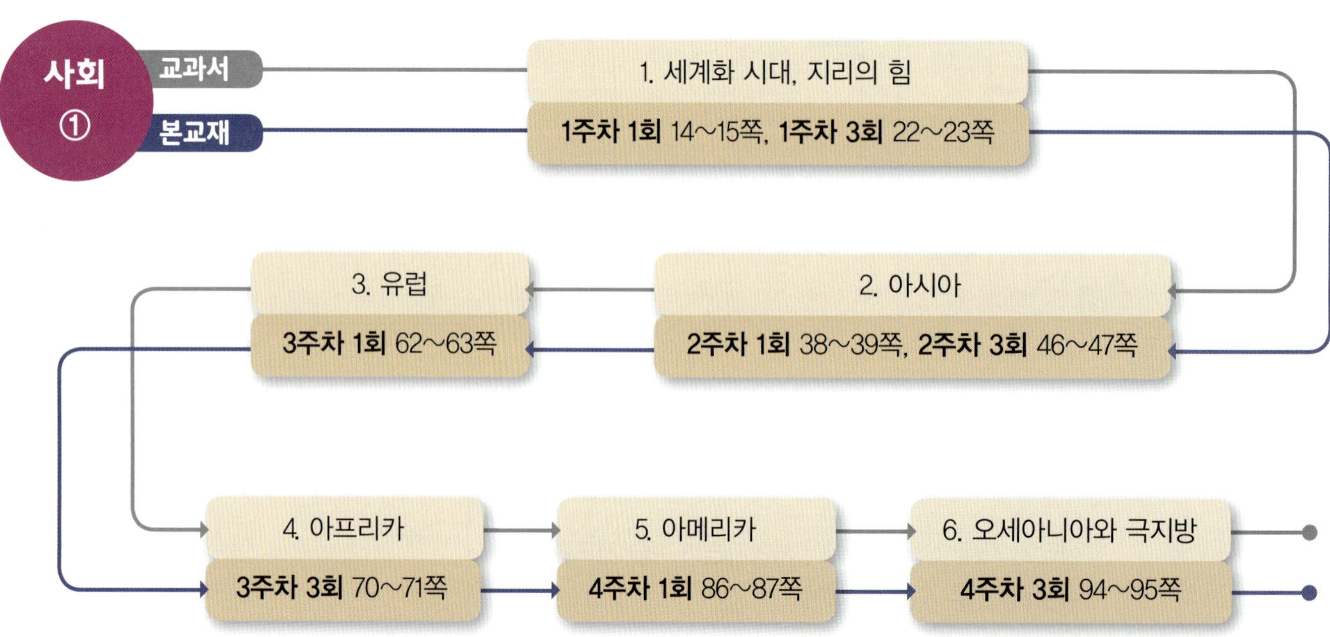

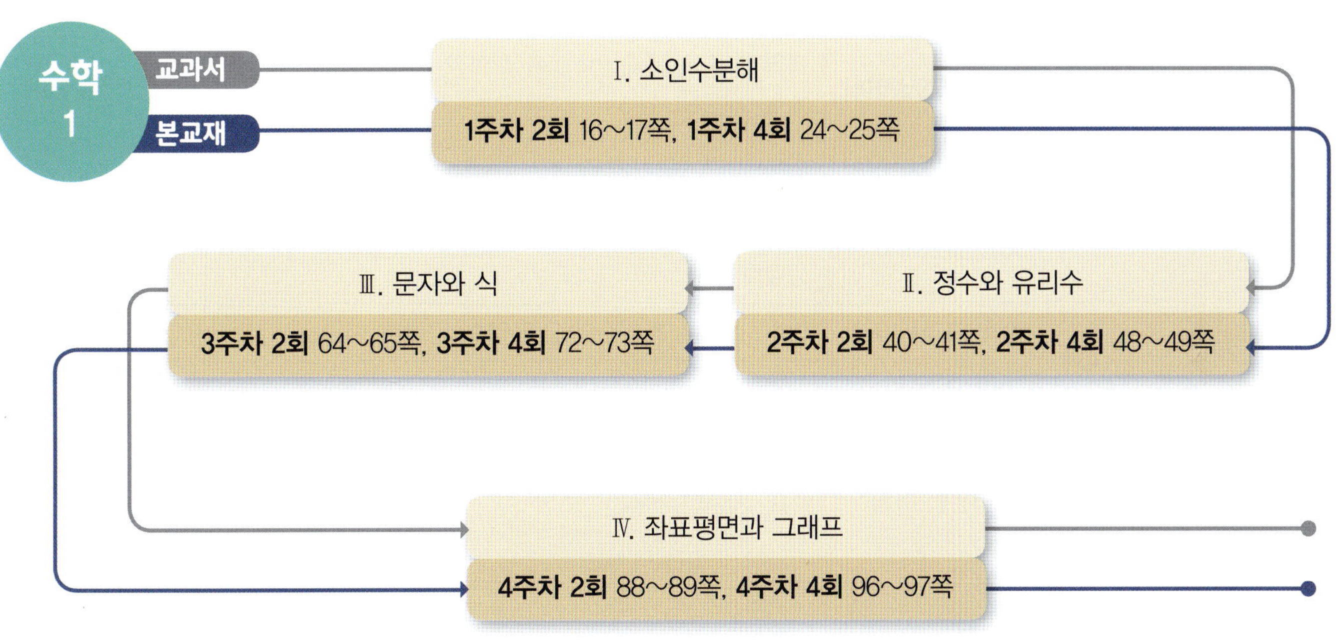
수학
1
교과서
본교재
I. 소인수분해
1주차 2회 16~17쪽, 1주차 4회 24~25쪽
III. 문자와 식
3주차 2회 64~65쪽, 3주차 4회 72~73쪽
II. 정수와 유리수
2주차 2회 40~41쪽, 2주차 4회 48~49쪽
IV. 좌표평면과 그래프
4주차 2회 88~89쪽, 4주차 4회 96~97쪽

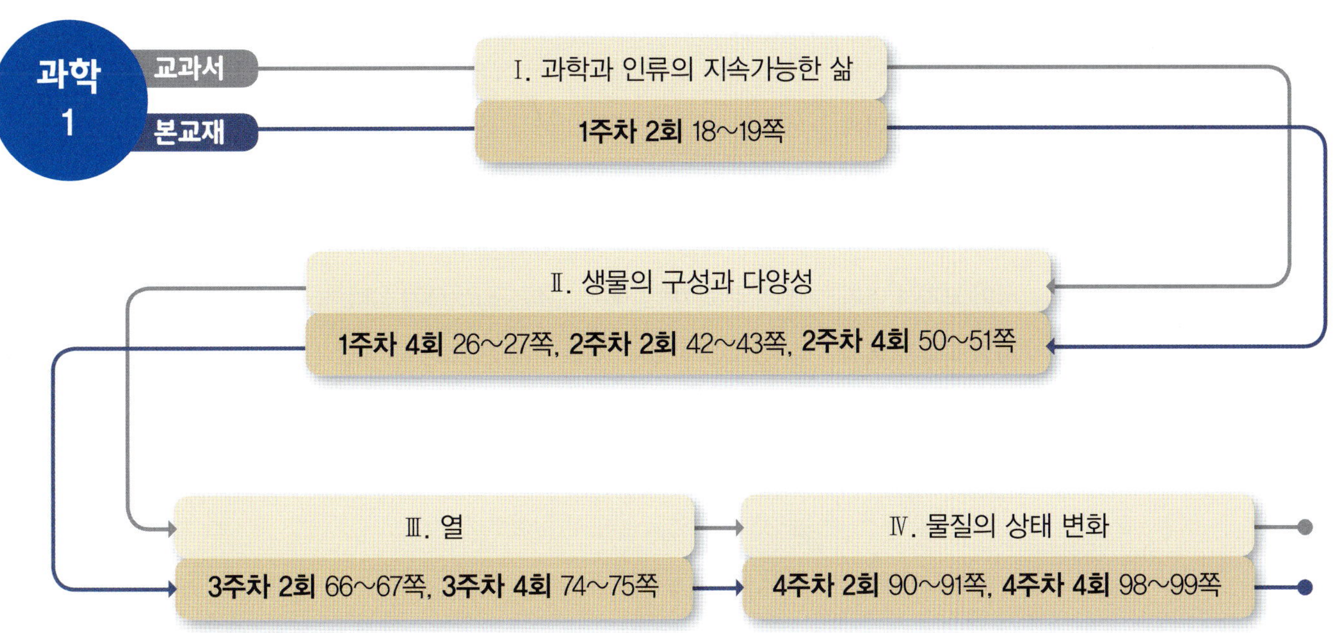
과학
1
교과서
본교재
I. 과학과 인류의 지속가능한 삶
1주차 2회 18~19쪽
II. 생물의 구성과 다양성
1주차 4회 26~27쪽, 2주차 2회 42~43쪽, 2주차 4회 50~51쪽
III. 열
3주차 2회 66~67쪽, 3주차 4회 74~75쪽
IV. 물질의 상태 변화
4주차 2회 90~91쪽, 4주차 4회 98~99쪽

이 책의 차례

어휘 미리 보기  1 주차

1회 학습 계획일 ◯월 ◯일

국어 교과서 어휘	사회 교과서 어휘
운율	위치
상징	지리 정보
비유	자연환경
원관념	기후
직유법	지리적 관점
은유법	다양성
의인법	

2회 학습 계획일 ◯월 ◯일

수학 교과서 어휘	과학 교과서 어휘
자연수	과학적 탐구
약수	문제 인식
소수	가설 설정
합성수	탐구 설계 및 수행
거듭제곱	자료 해석
밑	결론 도출
지수	변인

3회 학습 계획일 ◯월 ◯일

국어 교과서 어휘	사회 교과서 어휘
인물	세계화
사건	지역
배경	연결성
갈등	공간적 상호 작용
소설 구성 단계	역동성
성장	지리적 표시제
	등질화

4회 학습 계획일 ◯월 ◯일

수학 교과서 어휘	과학 교과서 어휘
인수	생명 활동
소인수	세포
소인수분해	세포막
공약수	세포벽
공배수	세포소기관
서로소	생물

5회 학습 계획일 ◯월 ◯일

한자 어휘	영문법 어휘
공명정대	주어
공식	서술어
공고	목적어
자전	보어
전화위복	

어휘력 테스트

국어 교과서 어휘

✏️ 단어와 그 뜻을 익히고, 빈칸에 알맞은 단어를 써 보자.

운율

운 韻 + 가락 律

🖱 '律'의 대표 뜻은 '법칙'임.

시를 읽을 때 말의 가락(리듬감)을 느끼게 하는 것.

예 이 시는 각 연마다 같은 시어를 반복적으로 사용함으로써 ☐☐을 형성하고 있다.

상징

모양 象 + 이룰 徵

🖱 '象'의 대표 뜻은 '코끼리', '徵'의 대표 뜻은 '부르다'임.

일정한 형태와 성질이 없는 추상적인 것을 구체적인 사물로 나타내는 것.

예 시인은 평화로운 세상을 노래하기 위해 시 속에 평화의 ☐☐인 비둘기를 등장시켰다.

비유

견줄 比 + 비유할 喻

🖱 '喻'의 대표 뜻은 '깨닫다'임.

표현하려는 대상을 그와 비슷한 다른 대상에 빗대어 표현하는 것.
곧바로 말하지 아니하고 빙 둘러서 말하다.

예 ☐☐는 인상 깊은 표현으로 대상을 생생하게 전달하는 효과가 있다.

> 비유의 종류에는 직유법, 은유법, 의인법 등이 있어.

원관념

근본 元 + 볼 觀 + 생각 念

비유에서 표현하려고 하는 실제 대상.

예 눈물을 이슬에 빗대어 표현할 때 '눈물'이 ☐☐☐이 된다.

플러스 개념어 보조 관념

비유에서 빗대어 표현하는 대상.

이슬 같은 눈물을 흘렸다.
보조 관념   원관념

직유법

곧을 直 + 비유할 喻 + 방법 法

🖱 '法'의 대표 뜻은 '법'임.

비유 중의 한 종류. '같이', '처럼', '듯이' 등을 사용해 표현하고자 하는 대상을 다른 대상에 직접 빗대어 표현하는 방법.

예 "별이 보석처럼 빛난다."는 '처럼'을 사용해 '별'을 '보석'에 비유했으므로 ☐☐☐이 사용되었다.

은유법

숨을 隱 + 비유할 喻 + 방법 法

비유 중의 한 종류. '무엇은 무엇이다'의 형태로, 표현하려는 대상을 이어 주는 말 없이 다른 대상에 빗대어 표현하는 방법.

예 "너는 빛나는 은하수이다."는 '너'를 '은하수'에 비유했으므로 ☐☐☐이 사용되었다.

의인법

비길 擬 + 사람 人 + 방법 法

비유 중의 한 종류. 동물, 식물, 물건 등 사람이 아닌 대상을 사람에 빗대어 사람인 것처럼 표현하는 방법.

예 '슬픔에 잠긴 호수'는 '호수'가 사람처럼 슬픔에 잠겼다고 표현했으므로 ☐☐☐이 사용되었다.

[253005-0001]

1 뜻에 알맞은 단어가 되도록 보기 의 글자를 조합해 써 보자.

보기

| 운 | 비 | 상 | 율 | 유 | 징 |

(1) 일정한 형태와 성질이 없는 추상적인 것을 구체적인 사물로 나타내는 것. →

(2) 어떤 대상을 그것과 비슷한 사물이나 현상에 빗대어 표현하는 방법. →

(3) 시를 읽을 때 말의 리듬감을 느끼게 하는 것. →

[253005-0002]

2 문장에 알맞은 단어를 ( ) 안에서 골라 ○표 해 보자.

(1) 비유에서 표현하려고 하는 실제 대상을 (원관념 , 보조 관념)이라고 하고, 빗대어 표현하는 대상을 (원관념 , 보조 관념)이라고 한다.

(2) '같이', '처럼', '듯이'와 같은 말로 연결하여 표현하고자 하는 대상을 다른 대상에 직접 빗대어 표현하는 방법을 (직유법 , 은유법)이라고 한다.

(3) 표현하려는 대상을 이어 주는 말 없이 다른 대상에 빗대어 표현하는 방법을 (직유법 , 은유법)이라고 한다.

[253005-0003]

3 ( ) 안에 들어갈 알맞은 단어를 보기 에서 찾아 써 보자.

보기

| 상징 | 직유법 | 은유법 | 의인법 |

(1) 이 시에 쓰인 '비바람'은 사람들을 힘들게 하는 것, 어두운 미래 등을 ( )한다.

(2) "달님이 웃는다."는 달이 사람처럼 웃는다고 표현했으므로 ( )이 사용되었다.

(3) "내 마음은 갈대이다."는 '내 마음'을 이어 주는 말 없이 '갈대'에 비유했으므로 ( )이 사용되었다.

(4) "아버지의 품은 바다같이 넓다."는 '아버지의 품'을 '바다'에 직접 비유했으므로 ( )이 사용되었다.

사회 교과서 어휘

✏️ 단어와 그 뜻을 익히고, 빈칸에 알맞은 단어를 써 보자.

위치
자리 位 + 둘 置

지역이 일정한 장소에 차지하고 있는 자리.

예 우리나라는 아시아 대륙의 동쪽 끝에 ☐☐하고 태평양과 접해 있다.

플러스 개념어 위치의 종류
• 절대적 위치: 대륙, 산맥, 해양 등으로 설명하는 지리적 위치와 위도, 경도로 나타내는 수리적 위치.
• 상대적 위치: 주변 지역과의 정치·문화·경제적 관계에 따라 변하는 위치.

지리 정보
땅 地 + 다스릴 理 + 사실 情 + 알릴 報
👆 '情'의 대표 뜻은 '뜻'임.

위치, 기후, 인구 등 공간과 지역에 관련된 여러 가지 정보.

예 정보 통신 기술이 발달하면서 종이 지도가 없어도 세계 여러 지역의 ☐☐☐를 쉽게 얻을 수 있다.

자연환경
스스로 自 + 그러할 然 + 고리 環 + 지경 境

인간 생활을 둘러싸고 있는 자연계의 모든 요소가 이루는 환경.

예 지역은 위치에 따라 기후, 지형, 식생과 같은
어떤 일정한 장소에 모여 사는 특유한 식물의 집단.
☐☐☐이 다르게 나타난다.

플러스 개념어 인문환경
자연환경을 바탕으로 인간이 만든 문화, 교통, 산업 등의 환경.

기후
기후 氣 + 기후 候
👆 '氣'의 대표 뜻은 '기운'임.

일정한 지역에 오랜 기간에 걸쳐 나타난 기온, 강수, 바람 등의 평균 상태.

예 아프리카 대륙의 기후가 궁금해서 ☐☐도를 찾아보았다.
기후가 지역에 따라 어떻게 나타나는지를 보여 주는 지도.

지리적 관점
땅 地 + 다스릴 理 + ~한 상태 的 + 볼 觀 + 점찍을 點
👆 '的'의 대표 뜻은 '과녁'임.

지역의 다양한 특성을 위치, 자연환경, 인문환경 등을 바탕으로 이해하는 것.

예 ☐☐☐☐으로 바라보면 지역마다 음식을 먹는 방식의 차이를 자연스럽게 받아들일 수 있다.

다양성
많을 多 + 모양 樣 + 성질 性

모양, 빛깔, 형태, 양식 따위가 여러 가지로 많은 특성.

예 지역의 ☐☐☐을 이해하는 자세는 세계시민으로서 가져야 할 자세이다.

확인문제

[253005-0004]

1 뜻에 알맞은 단어를 찾아 선으로 이어 보자.

(1) 지역이 일정한 장소에 차지하고 있는 자리. ·

(2) 모양, 빛깔, 형태, 양식 따위가 여러 가지로 많은 특성. ·

(3) 일정한 지역에 오랜 기간에 걸쳐 나타난 기온, 강수, 바람 등의 평균 상태. ·

· 기후

· 위치

· 다양성

[253005-0005]

2 빈칸에 알맞은 단어가 되도록 글자를 조합해 써 보자.

(1) 기후, 지형, 식생과 같은 자연계의 모든 요소가 이루는 환경을 □□□□ (이)라고 한다.

자 환 인 문 연 경

(2) 인간이 만든 문화, 교통, 산업 등의 환경을 □□□□ (이)라고 한다.

자 환 인 문 연 경

[253005-0006]

3 ( ) 안에 들어갈 알맞은 단어를 보기 에서 골라 써 보자.

보기

지리적   상대적   수리적

(1) ( ) 위치는 위도와 경도로 나타낸다.

(2) 주변 지역과의 정치·문화·경제적 관계에 따라 변하는 위치는 ( ) 위치이다.

(3) ( ) 관점은 지역 간의 다양성을 이해하고 다른 문화를 존중하는 자세의 바탕이 된다.

✏️ 단어와 그 뜻을 익히고, 빈칸에 알맞은 단어를 써 보자.

자연수
스스로 自 + 그러할 然 + 셈 數

자연스럽게 세는 수라는 의미로, 1부터 세기 시작하여 하나씩 더하여 얻을 수 있는 수.

예 물건의 개수를 셀 때 사용하는 1, 2, 3, 4, 5, …와 같은 수를 [　　　]라고 한다.

약수
나눗셈할 約 + 셈 數
👆 '約'의 대표 뜻은 '묶다'임.

어떤 수를 나누어떨어지게 하는 수.

예 4의 [　　]는 4를 나누어떨어지게 하는 수 1, 2, 4이다.

소수
바탕 素 + 셀 數

1보다 큰 자연수 중에서 약수가 1과 자기 자신뿐인 수. 1과 자기 자신만으로 나누어떨어지는 수.

예 13의 약수는 1, 13이므로 [　　]이고, 15의 약수는 1, 3, 5, 15이므로 소수가 아니다. 소수는 약수가 2개뿐이다.

동음이의어 소수
소수(小數)는 일의 자리보다 작은 자릿값을 가진 수로 소수점을 찍어서 나타낸다. 0.1, 0.02, 3.14 등과 같은 수

합성수
합할 合 + 이룰 成 + 셈 數

1과 그 수 자신 이외의 다른 수를 약수로 가지는 수로, 1보다 큰 자연수 중에서 소수가 아닌 수.

예 4, 6, 8, 9 등과 같이 약수가 3개 이상인 수, 즉 소수가 아닌 수를 [　　　]라고 한다.

거듭제곱
👆 '거듭'은 '어떤 일을 되풀이하다'라는 의미임.

같은 수나 문자를 여러 번 곱한 것을 간단히 나타낸 것.

예 2를 세 번 곱한 $2 \times 2 \times 2$를 [　　　]으로 나타내면 2^3이다.

나타내기 / 읽기

$2 \times 2 = 2^2$　2의 제곱
2번 / 곱한 횟수
$2 \times 2 \times 2 = 2^3$　2의 세제곱
3번
$2 \times 2 \times 2 \times 2 = 2^4$　2의 네제곱
4번

밑

거듭제곱에서 여러 번 곱하는 수나 문자.

예 $3 \times 3 \times 3 \times 3 = 3^4$에서 3은 [　　]이다.

지수
가리킬 指 + 셈 數

거듭제곱에서 밑을 곱한 횟수.

예 $3 \times 3 \times 3 \times 3 = 3^4$에서 4는 [　　]이다.

지수는 어떤 수를 몇 번 곱했는지를 가리키는 수임.

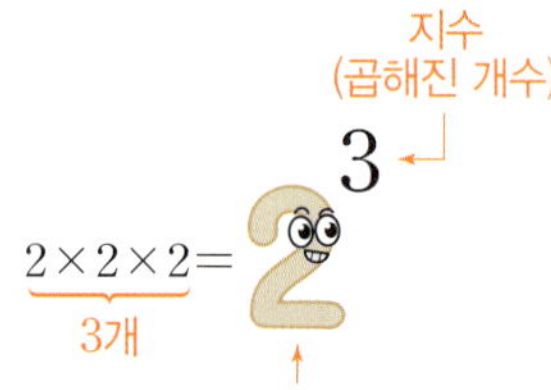

[253005-0007]

1 뜻에 알맞은 단어를 글자판에서 찾아 묶어 보자. (단어는 가로, 세로, 대각선 방향에서 찾기)

합	성	수	지	구	본
가	공	약	수	터	성
자	전	거	말	단	밑
연	자	래	듭	처	아
수	전	소	득	제	당
월	화	수	목	금	곱

❶ 어떤 수를 나누어떨어지게 하는 수.
❷ 1부터 세기 시작하여 하나씩 더하여 얻을 수 있는 수.
❸ 같은 수나 문자를 여러 번 곱한 것을 간단히 나타낸 것.
❹ 거듭제곱에서 밑을 곱한 횟수.

[253005-0008]

2 다음 문장에 알맞은 단어를 ( ) 안에서 골라 ○표를 해 보자.

1보다 큰 자연수 중에서 약수가 1과 자기 자신뿐인 수를 (소수 , 합성수)라고 하고, 1과 그 수 자신 이외의 다른 수를 약수로 가지는 수를 (소수 , 합성수)라고 한다.

[253005-0009]

3 ( ) 안에 들어갈 알맞은 단어를 보기 에서 찾아 써 보자.

보기

소수, 지수, 합성수, 거듭제곱, 밑, 약수

(1) $5 \times 5 \times 5$를 간단히 ( )으로 나타내면 5^3이다.

(2) $5 \times 5 \times 5$를 5^3으로 간단히 나타낼 때, 5는 ( )이고, 3은 ( )이다.

(3) 3은 1과 자기 자신 3만을 약수로 가지므로 ( )이다.

(4) 6은 1과 자기 자신 6 이외에 2, 3을 약수로 더 가지므로 ( )이다.

과학 교과서 어휘

✏️ 단어와 그 뜻을 익히고, 빈칸에 알맞은 단어를 써 보자.

과학적 탐구

과정 科 + 배울 學 +
~한 상태 的 +
찾을 探 + 궁구할 究
🖱 '的'의 대표 뜻은 '과녁'임.

자연에서 일어나는 현상을 이해하기 위하여 **질문하고 답을 찾는 과학적 과정**.

예 과학자들은 자연에서 나타나는 현상에 의문을 품고 이를 해결하기 위해 여러 가지 방법으로 ☐☐☐ ☐☐를 해 왔다.

플러스 개념어 **탐구**
진리, 학문 따위를 파고들어 깊이 연구함.

문제 인식

물을 問 + 제목 題 +
알 認 + 알 識

자연이나 일상생활에서 일어나는 현상을 관찰하다가 생기는 **의문을 명확하게 탐구 문제로 나타내는 것**.

예 각기병이 있는 닭에게 현미 모이를 줬더니 병이 나았다. 이 현상에서 '병이 어떻게 왜? 나았을까?'라고 생각하는 것이 ☐☐ ☐☐이다.

플러스 개념어 **인식**
사물을 분별하고 판단하여 앎.

가설 설정

거짓 假 + 말씀 設 +
베풀 設 + 정할 定

탐구 문제에 대한 잠정적인 결론을 내리는 것.

예 '현미의 어떤 성분이 각기병을 낫게 했을 것이다.'라고 잠정적인 결론을 내리는 것을 ☐☐ ☐☐이라고 한다.

플러스 개념어 **가설**
어떤 현상을 설명하려고 미리 세운 가정. 즉 문제에 대한 잠정적인 결론임.

탐구 설계 및 수행

찾을 探 + 궁구할 究 + 베풀 設 +
헤아릴 計 + 따를 遂 + 다닐 行

설정한 **가설을 검증하기 위해 실험을 설계하고 설계대로 실험을 진행하는 과정**.

예 '현미를 모이로 하는 닭장'과 '백미를 모이로 하는 닭장'으로 구분하여 모이를 주는 실험을 계획하고 실행하는 것을 ☐☐ ☐☐ 및 ☐☐이라고 한다.

자료 해석

재물 資 + 헤아릴 料 +
풀 解 + 풀 釋

탐구 수행 과정을 통해 얻은 자료를 정리하고 분석하여 경향성이나 규칙성 등 의미를 찾는 것.

비타민 B₁이 부족하여 일어나는 영양실조 증상.
예 두 닭장의 닭을 비교하여 각기병에 걸린 닭은 백미를 먹은 닭이고, 걸리지 않은 닭은 현미를 먹은 닭임을 알게 되는 것을 ☐☐ ☐☐이라고 한다.

결론 도출

맺을 結 + 논할 論 +
인도할 導 + 날 出

실험 결과를 종합하여 결론을 내리고 가설이 맞는지 확인하는 과정.

예 두 닭장 실험을 통해 현미에는 각기병을 치료하는 물질이 들어 있다는 ☐☐ ☐☐을 하였다.

변인

변할 變 + 인할 因

성질이나 모습이 변하는 원인. **실험 결과에 영향을 줄 수 있는 모든 요인**.

예 닭장 실험으로 알아내려는 현미와 백미 모이를 다르게 하는 것 외에 모든 조건은 같게 하는 ☐☐ 통제 계획을 세워야 한다.

확인문제

[253005-0010]
1 뜻에 알맞은 단어를 찾아 선으로 이어 보자.

(1) 각기병이 있는 닭에게 현미 모이를 줬더니 병이 나았다. 이 현상에서 '병이 어떻게 왜? 나았을까?'라고 생각하는 것. · · 자료 해석

(2) 현미를 모이로 하는 닭장과 백미를 모이로 하는 닭장으로 구분하여 모이를 주는 실험을 계획하고 실행하는 것. · · 탐구 설계 및 수행

(3) 두 닭장의 닭을 비교하여 각기병에 걸린 닭은 백미를 먹은 닭이고 걸리지 않은 닭은 현미를 먹은 닭임을 알게 되는 것. · · 문제 인식

[253005-0011]
2 빈칸에 들어갈 글자를 보기 에서 찾아 써 보자.

보기

(1) 성질이나 모습이 변하는 원인이라는 뜻으로, 실험 결과에 영향을 줄 수 있는 모든 요인을 □ 인 이라고 한다.

(2) 과학적 탐구 과정의 한 단계로, 탐구 문제에 대하여 잠정적인 결론을 내리는 것을 가 □ 설 □ 이라고 한다.

(3) 탐구를 수행하여 얻은 자료를 정리하고 분석하여 경향성이나 규칙성을 찾는 것을 □ 료 □ 석 이라고 한다.

(4) 자연에서 일어나는 현상을 이해하기 위하여 질문하고 답을 찾는 과학적 과정을 과 학 적 □ 구 라고 한다.

[253005-0012]
3 단어의 뜻을 보기 에서 찾아 사다리를 타고 내려간 곳에 기호를 써 보자.

보기
ⓐ 현미가 각기병과 연관이 있을 것이다.
ⓑ 각기병엔 왜 걸리나?
ⓒ 현미에 각기병을 낫게 하는 성분이 있다.

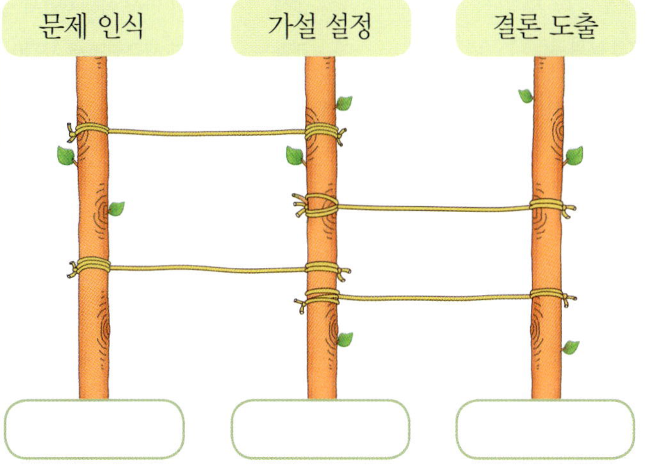

✏️ 단어와 그 뜻을 익히고, 빈칸에 알맞은 단어를 써 보자.

인물
사람 人 + 물건 物

작품 속에 등장하는 사람이나 의인화된 대상.

예 소설에는 다양한 성격을 가진 ☐☐들이 등장한다.
인물의 말과 행동을 통해 인물의 성격을 파악할 수 있음.

플러스 개념어 인물의 종류
• 중심인물: 사건을 주도적으로 이끌어 가는 인물.
• 주변 인물: 중심인물의 주변에서 사건의 진행을 돕는 인물.

사건
일 事 + 사건 件
🖱 '件'의 대표 뜻은 '물건'임.

작품 속에서 인물이 벌이거나 겪는 일.

예 이 소설은 소년이 낯선 도시에서 겪은 여러 가지 ☐☐을 다루고 있다.

배경
뒤 背 + 경치 景
🖱 '背'의 대표 뜻은 '등'임.

작품 속에서 사건이 벌어지는 시간과 공간.

예 조선 시대를 ☐☐으로 한 소설이어서 당시의 생활상을 잘 보여 준다.

갈등
칡 葛 + 등나무 藤

등장인물의 마음속이나 인물과 그 인물을 둘러싼 외부 요소와의 사이에서 일어나는 대립과 충돌.

예 이 소설 속 '나'는 선의의 거짓말을 할지 말지 ☐☐하고 있다.

플러스 개념어 갈등의 종류
• 내적 갈등: 한 인물의 마음속에서 둘 이상의 마음이 대립하는 것.
• 외적 갈등: 인물과 다른 인물 또는 그 인물을 둘러싼 자연, 사회, 운명과 대립하는 것.

소설 구성 단계
작을 小 + 말씀 說 +
얽을 構 + 이룰 成 +
구분 段 + 차례 階
🖱 '段'의 대표 뜻은 '층계', '階'의 대표 뜻은 '섬돌(돌층계)'임.

소설에서 사건을 펼치는 다섯 단계로, 발단, 전개, 위기, 절정, 결말을 말함.
〈갈등 전개에 따른 소설의 구성〉

발단	인물, 배경 등이 소개되고, 사건이 시작됨. 갈등의 실마리가 제공됨.
전개	사건이 진행되면서 갈등이 나타남.
위기	갈등이 깊어지면서 주인공이 위험에 빠지는 상황 등이 나타남.
절정	갈등이 가장 심해지면서 갈등 해결의 실마리가 제시됨.
결말	갈등이 해결되면서 사건이 마무리됨.

예 ☐☐ ☐☐ ☐☐ ☐☐에 따라 갈등이 깊어지거나 해결된다.

성장
이룰 成 + 길 長

사람이나 동식물 따위가 자라서 점점 커짐.

예 청소년기는 ☐☐이 매우 빠른 시기이다.

확인문제

[253005-0013]

1 뜻에 알맞은 단어를 글자판에서 찾아 묶어 보자. (단어는 가로, 세로, 대각선 방향에서 찾기)

결	단	소	전	갈
장	사	건	정	등
발	말	평	인	면
배	개	물	성	훈
경	기	위	절	입

❶ 작품 속에서 인물이 벌이거나 겪는 일.
❷ 작품 속에 등장하는 사람이나 의인화된 대상.
❸ 작품 속에서 사건이 벌어지는 시간과 공간.
❹ 인물의 마음속이나 인물과 그 인물을 둘러싼 외부 요소와 대립하는 상태.

[253005-0014]

2 밑줄 친 단어의 쓰임이 알맞으면 ○표, 알맞지 <u>않으면</u> ✕표 해 보자.

(1) 소설에서 갈등이 해결되면서 사건이 마무리되는 단계를 <u>결말</u>이라고 한다. (   )

(2) 소설에서 인물, 배경 등이 소개되고 사건이 시작되는 단계를 <u>전개</u>라고 한다. (   )

(3) 소설에서 갈등이 가장 심해지면서 갈등 해결의 실마리가 제시되는 단계를 <u>절정</u>이라고 한다.

(   )

[253005-0015]

3 (   ) 안에 들어갈 알맞은 단어를 보기 에서 찾아 써 보자.

> **보기**
>
> 갈등   인물   사건   배경

(1) 「토끼전」의 중심 (   )은 자라와 토끼이다.

(2) 「토끼전」의 (   )은 '옛날 옛적 남해의 용궁'이다.

(3) 「토끼전」에서 용왕이 토끼의 배를 갈라 간을 꺼내는 (   )은 일어나지 않는다.

(4) 「토끼전」에서 토끼는 자라의 제안을 받고 용궁으로 갈지 말지 (   )하게 된다.

사회 교과서 어휘

✎ 단어와 그 뜻을 익히고, 빈칸에 알맞은 단어를 써 보자.

세계화
세상 世 + 경계 界 + 될 化

국경을 넘어 세계가 경제, 문화 등의 영역에서 하나의 지역처럼 통합되어 가는 현상.

예 농업의 ☐☐☐로 기업적 농업이 발달하였다.

플러스 개념어 **네트워크로서의 세계**
물리적 공간을 초월하여 서로 다른 지역, 국가, 대륙 등이 다양한 방식으로 연결된 사회.

지역
땅 地 + 지경 域

다른 곳과 구별되는 특성이 나타나는 공간적 범위.

예 오늘날에는 세계의 문제가 ☐☐ 주민의 삶에 영향을 주기도 한다.

플러스 개념어 **글로컬**
'국제(global)'와 '현지(local)'의 합성어로, 지역의 특성을 살린 지역 중심의 세계.

연결성
잇닿을 連 + 맺을 結 + 성질 性
☞ '性'의 대표 뜻은 '성품'임.

사물과 사물을 서로 잇거나 현상과 현상이 관계를 맺게 하는 성질.

예 교통수단과 통신 기술의 발달로 지역 간 ☐☐☐이 강화되었다.

공간적 상호 작용
빌 空 + 사이 間 + ~한 상태 的 + 서로 相 + 서로 互 + 지을 作 + 쓸 用

여러 지역 사이에 발생하는 사람, 물자, 정보, 자본 등의 흐름.

예 세계화 시대에는 ☐☐☐☐☐에 의해 전염병이 전 세계로 급격히 확산하였다.

역동성
힘 力 + 움직일 動 + 성질 性

힘차고 활발하게 움직이는 성질.

예 그의 그림에서는 뱀이 살아 움직이는 것 같은 ☐☐☐을 느낄 수 있다.

지리적 표시제
땅 地 + 다스릴 理 + ~한 상태 的 + 겉 表 + 보일 示 + 만들 制
☞ '制'의 대표 뜻은 '억제하다'임.

상품의 품질, 명성, 특성 등이 근본적으로 해당 지역에서 비롯한 경우 지역 생산품임을 증명하고 표시하는 제도.

예 ☐☐☐☐☐에 등록되면 다른 곳에서 임의
_{일정한 원칙 없이 하고 싶은 대로 함.}
로 상표권을 이용하지 못하도록 하는 법적인 권리가 생긴다.

지리적표시 (PGI) 농림축산식품부
지리적표시 (PGI) 해양수산부

▲ 우리나라의 지리적 표시제 마크

등질화
같을 等 + 바탕 質 + 될 化

세계 여러 지역의 특성이 점차 비슷해지는 현상.

예 전 세계에서 동일한 드라마를 볼 수 있는 것은 ☐☐☐되는 세계의 모습을 보여 주는 좋은 사례이다.

확인문제

[253005−0016]

1 단어의 뜻을 보기 에서 찾아 사다리를 타고 내려간 곳에 기호를 써 보자.

보기

㉠ 힘차고 활발하게 움직이는 성질.

㉡ 세계 여러 지역의 특성이 점차 비슷해지는 현상.

㉢ 사물과 사물을 서로 잇거나 현상과 현상이 관계를 맺게 하는 성질.

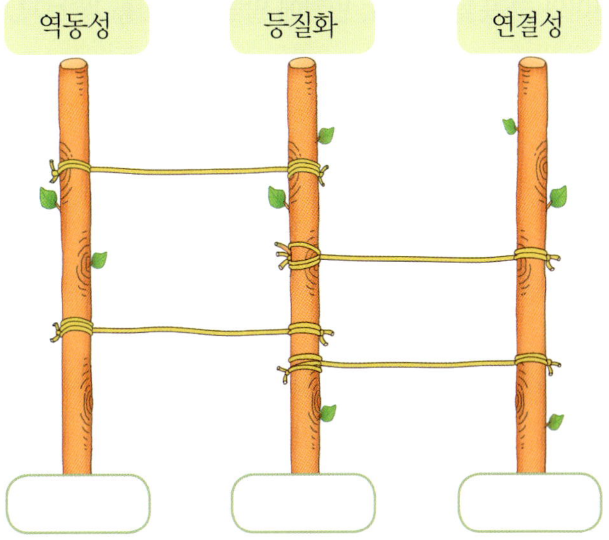

[253005−0017]

2 단어와 그 뜻이 알맞게 짝 지어진 것에 모두 ◯표 해 보자.

(1) 지역 – 땅의 생긴 모양이나 형태. (   )

(2) 글로컬 – 지역의 특성을 살린 지역 중심의 세계. (   )

(3) 세계화 – 세계가 경제, 문화 등의 영역에서 하나의 지역처럼 통합되어 가는 현상. (   )

[253005−0018]

3 밑줄 친 '이것'이 뜻하는 알맞은 단어를 골라 ◯표 해 보자.

(1)

(지리적 표시제 , 공간적 상호 작용)

(2)

(지리적 표시제 , 공간적 상호 작용)

✏️ 단어와 그 뜻을 익히고, 빈칸에 알맞은 단어를 써 보자.

인수

원인을 이루는 근본 **因** + 셈 **數**
👆 '因'의 대표 뜻은 '말미암다'임.

어떤 수를 2개 이상의 수의 곱으로 나타낼 때 각각의 수, 즉 자연수 a, b, c에 대하여 $a=b \times c$일 때, b와 c를 a의 인수라고 한다. 약수와 인수는 거의 같은 뜻으로 쓰인다.

예 $12=1 \times 12$, $12=2 \times 6$, $12=3 \times 4$에서 1, 2, 3, 4, 6, 12를 12의 [   ] 라고 한다.

플러스 개념어   약수와 인수
6의 약수와 6의 인수를 각각 구해 보면 약수는 나눗셈으로, 인수는 곱셈으로 구하는 차이가 있다.

약수
$6 \div ② = 3$
$6 = ② \times ③$
인수

소인수

바탕 **素** +
원인을 이루는 근본 **因** + 셈 **數**

어떤 자연수의 약수(인수) 중에서 소수인 수.

예 12의 약수 1, 2, 3, 4, 6, 12 중에서 12의 [   ] 는 2, 3이다.

소인수분해

바탕 **素** +
원인을 이루는 근본 **因** + 셈 **數** +
나눌 **分** + 풀 **解**

1보다 큰 자연수를 그 수의 소인수들만의 곱으로 나타내는 것.

예 12의 약수 중에서 소수는 2, 3이므로 12를 [   ] 하면 $12=2^2 \times 3$이다.

공약수

함께할 **公** + 나눗셈할 **約** + 셈 **數**

두 개 이상의 자연수에서 공통인 약수.

예 8의 약수는 1, 2, 4, 8이고 12의 약수는 1, 2, 3, 4, 6, 12이므로 8과 12의 [   ] 는 1, 2, 4이다.

플러스 개념어   최대공약수
공약수 중에서 가장 큰 수.
예 8과 12의 공약수는 1, 2, 4이므로 8과 12의 최대공약수는 4이다.

공배수

함께할 **公** + 곱 **培** + 셈 **數**

두 개 이상의 자연수에서 공통인 배수.

예 2의 배수는 2, 4, 6, 8, 10, 12, …이고 3의 배수는 3, 6, 9, 12, …이므로 2와 3의 [   ] 는 6, 12, …이다.

플러스 개념어   최소공배수
공배수 중에서 가장 작은 수.
예 2와 3의 공배수는 6, 12, …이므로 2와 3의 최소공배수는 6이다.

서로소

서로 + 바탕 **素**

최대공약수가 1인 두 자연수.

예 8의 약수는 1, 2, 4, 8이고, 9의 약수는 1, 3, 9인데 8과 9의 최대공약수는 1이므로 두 수 8과 9는 [   ] 이다.

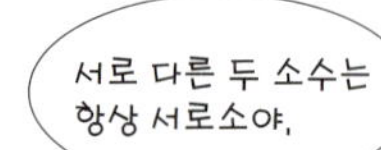

[253005-0019]

1 단어의 뜻을 보기 에서 찾아 사다리를 타고 내려간 곳에 기호를 써 보자.

보기
ㄱ 어떤 자연수의 약수(인수) 중에서 소수인 수.
ㄴ 1보다 큰 자연수를 그 수의 소인수들만의 곱으로 나타내는 것.
ㄷ 두 개 이상의 자연수에서 공통인 약수.
ㄹ 두 개 이상의 자연수에서 공통인 배수.
ㅁ 최대공약수가 1인 두 자연수.

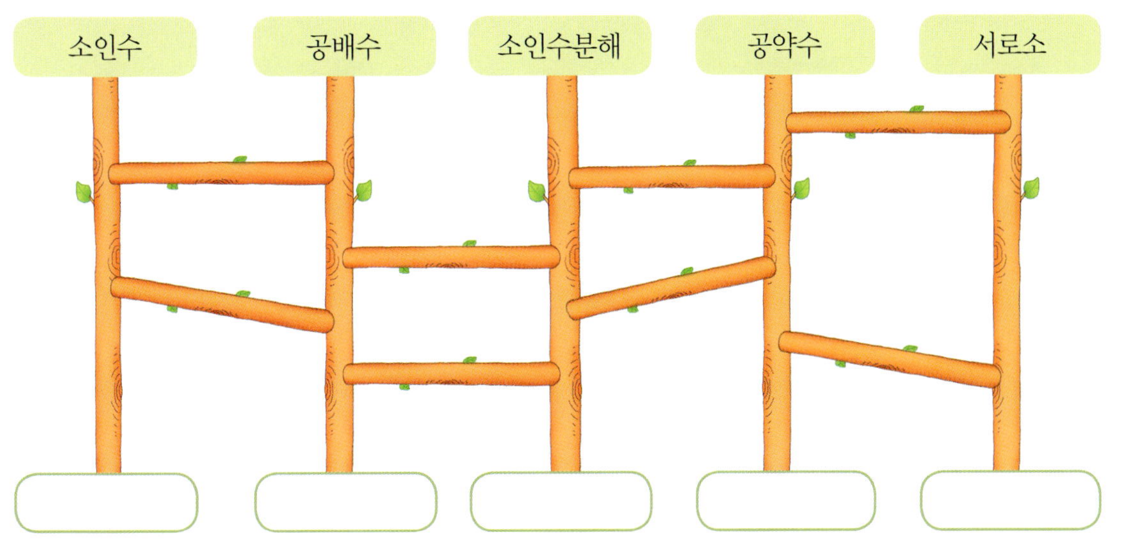

[253005-0020]

2 ( ) 안에 들어갈 단어를 보기 에서 찾아 써 보자.

보기
인수   최대공약수   최소공배수

(1) 공약수 중에서 가장 큰 수를 (   )라고 한다.

(2) 공배수 중에서 가장 작은 수를 (   )라고 한다.

(3) 어떤 수를 2개 이상의 수의 곱으로 나타낼 때 각각의 수를 (   )라고 한다.

[253005-0021]

3 문장에 알맞은 단어를 ( ) 안에서 골라 ○표 해 보자.

(1) 4의 약수는 1, 2, 4이고 6의 약수는 1, 2, 3, 6이므로 (공약수 , 공배수)는 1과 2이다.

(2) 5의 약수는 1, 5이고 12의 약수는 1, 2, 3, 4, 6, 12이므로 5와 12의 공약수는 1뿐이다. 따라서 5와 12는 (소인수 , 서로소)이다.

과학 교과서 어휘

✏️ 단어와 그 뜻을 익히고, 빈칸에 알맞은 단어를 써 보자.

생명 활동
날 生 + 목숨 命 + 살 活 + 움직일 動

생물이 살아가는 데 필요한 양분을 만들고 에너지를 얻고 성장하고 자손을 남기는 일로, 생물에서 일어나는 모든 활동.

예 단세포 생물은 살아가는 데 필요한 모든 ☐☐☐ 이 하나의 세포에서 일어난다.

세포
가늘 細 + 세포 胞

생물의 몸을 이루는 가장 작은 단위로, 생명 활동이 일어나는 기본 단위.

예 생명 활동을 하는 모든 생물의 몸은 ☐☐ 로 이루어져 있다.

플러스 개념어 세포의 종류
- 다세포 생물: 여러 개의 세포로 이루어진 생물.
- 단세포 생물: 단 하나의 세포로 이루어진 생물.

세포막
가늘 細 + 세포 胞 + 꺼풀 膜

세포를 둘러싸는 얇은 막으로, 세포의 기능 유지에 필수적인 역할을 함.

예 ☐☐☐ 은 외부와의 물질 교환 등 주위 환경과 상호 작용을 하고 있으며, 외부의 신호를 감지하는 등 세포의 기능 유지에 필수적인 역할을 한다.

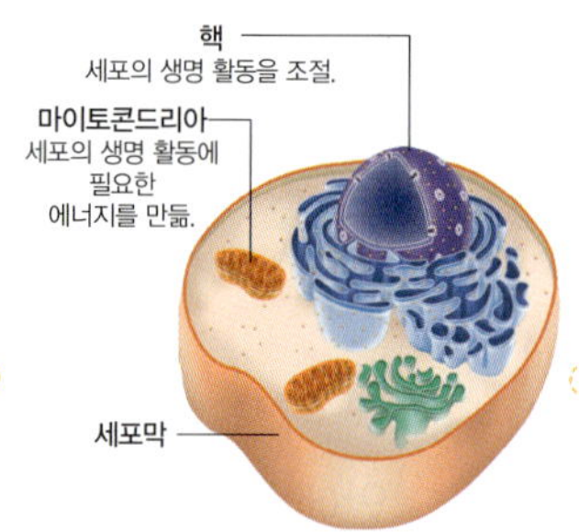

세포벽
가늘 細 + 세포 胞 + 벽 壁

식물 세포에만 있는 구성 요소로, 세포의 모양을 일정하게 유지하는 비교적 두껍고 단단한 구조.

예 식물 세포에는 ☐☐☐ 이 있어 식물 세포를 단단하게 지지해 준다.

세포소기관
가늘 細 + 세포 胞 + 작을 小 + 그릇 器 + 벼슬 官

세포 안에 들어 있는 작은 기관들로, 핵, 마이토콘드리아, 엽록체와 같이 특정한 기능을 하는 세포 내 구조물.

예 세포는 세포막으로 둘러싸여 있고, 여러 ☐☐☐☐☐ 으로 이루어져 있다.

생물
날 生 + 만물 物

스스로 생명 현상을 유지하여 나가는 생명체.

예 개미, 버섯, 미역 따위와 같이 스스로 생명을 유지해 가는 모든 것들이 ☐☐ 이다.

반의어 무생물
생물이 아닌 물건. 세포로 이루어지지 않은 돌, 물, 흙 따위를 이름.

확인문제

[253005-0022]

1 ( ) 안에 들어갈 단어를 보기 에서 찾아 써 보자.

보기

세포,　　세포벽,　　세포막,　　세포소기관

(1) 세포 안에 들어 있는 작은 기관들로 핵, 마이토콘드리아, 엽록체와 같이 특정한 기능을 하는 세포 내 구조물을 (　　　　　)(이)라고 한다.

(2) 식물 세포에만 있는 것으로, 세포의 모양을 일정하게 유지하는 비교적 두껍고 단단한 구조를 (　　　　　)(이)라고 한다.

(3) 생물의 몸을 구성하며, 생명 활동이 일어나는 기본적인 단위를 (　　　　　)(이)라고 한다.

[253005-0023]

2 다음 그림에서 빈칸에 알맞은 세포소기관을 써 보자.

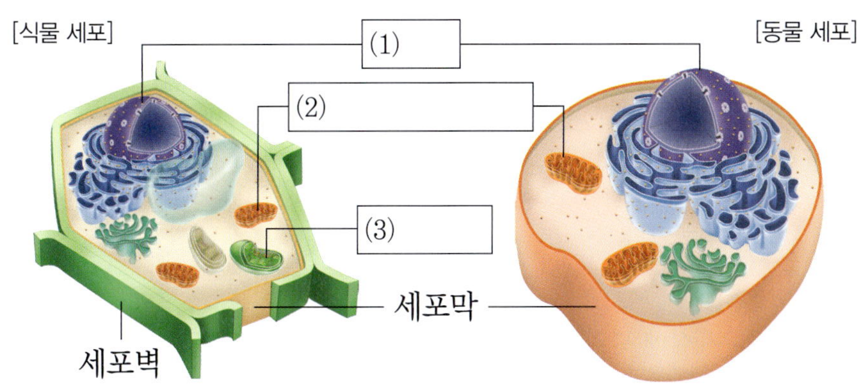

[253005-0024]

3 뜻에 알맞은 말을 찾아 선으로 이어 보자.

(1) 세포를 둘러싸는 얇은 막으로, 세포의 기능 유지에 필수적인 역할을 함. ・　　　　・ 세포벽

(2) 식물 세포에서 세포를 단단하게 지지해 주는 역할을 함. ・　　　　・ 세포막

(3) 여러 개의 세포로 이루어진 생물. ・　　　　・ 단세포 생물

(4) 단 하나의 세포로 이루어진 생물. ・　　　　・ 다세포 생물

한자 어휘

公 (공), 轉 (전)이 들어간 단어

公
뜻 공평할 음 공

공(公)은 주로 '공평하다'라는 뜻으로 쓰여. 어느 쪽으로도 치우치지 않는 것을 공평하다고 하지. 공(公)이 '공적', '널리'라는 뜻으로 쓰일 때도 있어.

轉
뜻 구를 음 전

수레 거(車)가 붙은 전(轉)은 주로 '구르다', '회전하다'라는 뜻으로 쓰여. 전(轉)이 '바꾸다'라는 뜻으로 쓰일 때도 있어.

✏️ 단어와 그 뜻을 익히고, 빈칸에 알맞은 단어를 써 보자.

공명정대
공평할 公 + 밝을 明 + 바를 正 + 큰 大

하는 일이나 행동이 **한쪽으로 치우치거나 그릇됨이 없이 올바르고 떳떳함**.

예 한 국회 의원 후보자는 모든 일을 [   ]하게 처리하겠다고 다짐을 밝혔다.

공식
공적 公 + 법 式

국가나 사회가 인정한 방식.

예 대통령이 4박 5일간의 일정으로 미국을 [   ] 방문했다.

공(公)이 '공적'이라는 뜻으로 쓰였음. '공적'이란 국가나 사회적으로 관계되는 것을 말함.

다의어 공식

수학 계산, 과학에서 법칙을 수식이나 기호로 나타낸 것.
예 공식에 대입하면 그 문제를 풀 수 있다.

공고
널리 公 + 아뢸 告

세상에 널리 알림.

예 학교 게시판에 붙은 기말고사 [   ]를 보기 위해 학생들이 몰려들었다.

공(公)이 '널리'라는 뜻으로 쓰였음.

자전
스스로 自 + 구를 轉

우주에 존재하는 물체가 그 자체의 고정된 축을 중심으로 스스로 돎.

예 지구는 자전축을 중심으로 하루에 한 바퀴씩 도는 [   ] 운동을 한다.

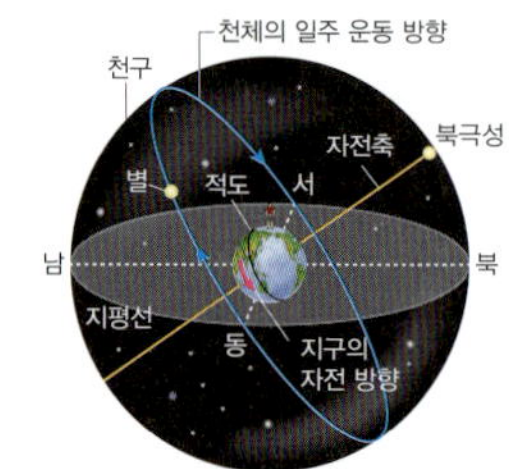

▲ 지구의 자전

전화위복
바꿀 轉 + 재앙 禍 + 될 爲 + 복 福
🖱 '爲'의 대표 뜻은 '하다'임.

재앙이나 근심이 바뀌어 오히려 복이 됨.

예 그는 손님이 없어 운영하던 가게를 그만두고 회사에 들어간 일이 [   ]이 되어 날마다 즐겁다고 말했다.

전(轉)이 '바꾸다'라는 뜻으로 쓰였음.

[253005-0025]

1 뜻에 알맞은 단어를 찾아 선으로 이어 보자.

(1) 세상에 널리 알림. · · 공고

(2) 재앙이나 근심이 바뀌어 오히려 복이 됨. · · 자전

(3) 우주에 존재하는 물체가 그 자체의 고정된 축을 중심으로 스스로 돎. · · 전화위복

(4) 하는 일이나 행동이 한쪽으로 치우치거나 그릇됨이 없이 올바르고 떳떳함. · · 공명정대

[253005-0026]

2 밑줄 친 단어의 뜻이 나머지 둘과 다른 것에 ○표 해 보자.

(1) 우리나라와 공식 외교 관계를 맺지 않은 나라를 찾아보았다. (   )

(2) 수학 공식을 무조건 외우기보다 이해하려는 노력이 필요하다. (   )

(3) 미국 항공 우주국은 2024년에 사람을 달에 보내겠다고 공식 발표했다. (   )

[253005-0027]

3 빈칸에 들어갈 알맞은 글자를 보기 에서 찾아 써 보자.

보기

| 공 | 명 | 위 | 복 | 정 | 화 | 자 | 고 |

(1) A 기업은 신규 사업이 잘되자 대규모로 사원을 뽑겠다는 공[ ]를 여러 신문에 냈다.

(2) 지구가 매일 한 바퀴씩 [ ]전 하기 때문에 태양이 동쪽에서 떠서 서쪽으로 지는 것처럼 보인다.

(3) 이번 사건이 전 국민의 관심을 끌면서 [ ][ ][ ]대 한 수사를 요구하는 목소리가 점점 높아지고 있다.

(4) 손 선수는 지난번 부상으로 충분히 휴식한 게 전[ ][ ][ ]의 계기가 되어 이번에 금메달을 딴 것 같다고 말했다.

영문법 어휘

> 문장의 요소(elements of a sentence)란 문장의 구조를 이루는 필수 성분을 말하는데, '문장의 성분'이라고도 해. 영어 문장을 이루는 요소에는 주어(subject), 서술어(predicate), 목적어(object), 보어(complement)가 있어. 각각이 무슨 의미이고, 어떤 기능을 하는지 알아보자.

✏️ **단어와 그 뜻을 익히고, 빈칸에 알맞은 단어를 써 보자.**

Subject
주어
주인 主 + 말씀 語

문장에서 동사의 행위를 일으키는 사람이나 물건으로 ==동작의 주체를 가리키는 말==.
- **I** text my friend every day.(**나는** 매일 친구에게 문자를 보낸다.)
  text(문자 보내다)의 동작의 주인
예 "My uncle and I go camping together.(내 삼촌과 나는 함께 캠핑하러 간다.)"에서 My uncle and I(내 삼촌과 나)가 문장의 ☐☐이다.

Predicate
서술어
차례 敍 + 지을 述 + 말씀 語

문장에서 ==주어가 하는 행동, 동작, 상황을 나타내는 말==.
- Planes **fly** very high.(비행기들은 매우 높이 **난다**.)
  주어인 Planes(비행기들)의 동작을 나타내는 동사
예 "My mom cooks dinner.(엄마가 저녁 요리를 하신다.)"에서 cooks(요리하다)가 문장의 ☐☐이다.

> **플러스 개념어** 술어
> '서술어'는 간략히 '술어'라고도 하며, '동사'라고도 한다. 서술어, 술어, 동사 모두 주어의 동작이나 상황을 나타내는 말이다.

Object
목적어
눈 目 + 과녁 的 + 말씀 語

문장에서 동사 뒤에 위치해 ==동사의 행위 대상이 되는 사람이나 사물을 가리키는 말==. 명사나 명사구의 형태로 나타남.
- Jinho makes **a paper boat**.(진호는 **종이배를** 만든다.)
  동사인 makes(만들다)의 대상이 되는 목적어
예 "We watch movies on a tablet.(우리는 태블릿으로 영화를 본다.)"에서 동사 watch(보다)의 대상이 되는 movies(영화)는 ☐☐☐이다.

Complement
보어
도울 補 + 말씀 語

문장에서 주어와 동사만으로 완전하지 못해 뜻을 보충하여 완전하게 하는 말. 주로 ==주어나 목적어를 묘사하거나 설명하는 말==로 쓰임.
- This spaghetti tastes **delicious**.(이 스파게티는 **맛있다**.)
  주어인 This spaghetti(이 스파게티)의 상태를 설명해 주는 보어
예 "These girls are K-pop singers.(이 소녀들은 케이팝 가수이다.)"에서 주어 These girls(이 소녀들)를 설명하는 K-pop singers(케이팝 가수들)는 ☐☐이다.

[253005-0028]

1 뜻에 알맞은 단어를 글자판에서 찾아 묶어 보자.(단어는 가로, 세로, 대각선 방향에서 찾기)

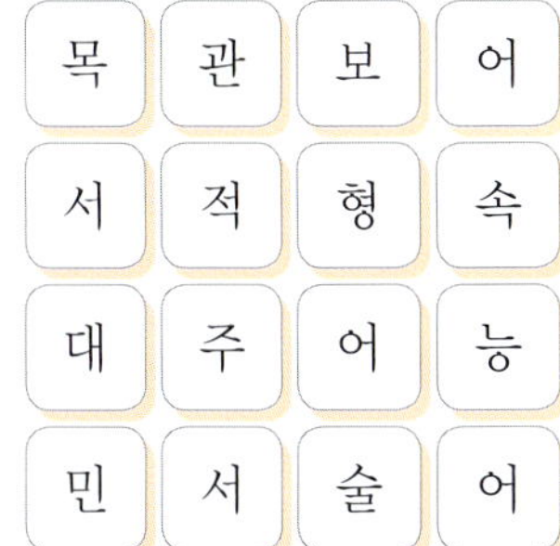

❶ 동작의 주체를 가리키는 말.
❷ 주어가 하는 행동, 동작, 상황을 나타내는 말.
❸ 동사의 행위 대상이 되는 사람이나 사물을 가리키는 말.
❹ 주어나 목적어의 모습이나 상태 등을 보충적으로 설명하여 나타내는 말.

[253005-0029]

2 문장 속의 각 단어가 주어, 서술어, 목적어 중 무엇에 해당하는지 빈칸에 써 보자.

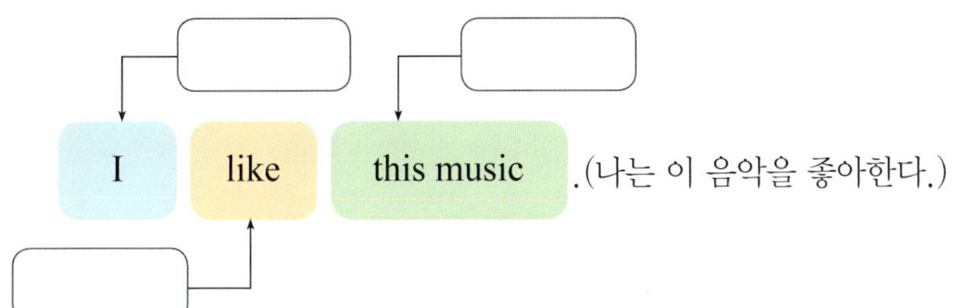

[253005-0030]

3 밑줄 친 말의 문장의 요소가 알맞으면 ○표, 알맞지 않으면 ✕표 해 보자.

(1) **My brother** plays soccer in the park.(내 형은 공원에서 축구한다.)
주어
(   )

(2) My family **rides** bikes on weekends.(우리 가족은 주말마다 자전거를 탄다.)
목적어
(   )

(3) Police officers catch **thieves**. (경찰관들이 도둑들을 잡는다.)
보어
(   )

(4) My classmates **go on** a field trip abroad. (우리 반 친구들은 해외로 견학을 간다.)
서술어
(   )

어휘력 테스트

✏️ 1주차 1~5회에서 공부한 단어를 떠올리며 문제를 풀어 보자.

국어 [253005-0031]

1 보기 에서 설명하는 단어를 빈칸에 써 보자.

보기

- 표현하려는 대상을 그와 비슷한 다른 대상에 빗대어 표현하는 것.
- 이것의 종류에는 직유법, 은유법, 의인법 등이 있음.

→ ☐☐

국어 [253005-0032]

2 빈칸에 들어갈 알맞은 말을 보기 에서 찾아 써 보자.

보기

운율   비유   상징

(1) 네잎클로버는 행운을 (   )해.

(2) '쟁반 같이 둥근 달'은 '달'을 '쟁반'에 (   )한 표현이야.

(3) 시에 규칙적인 리듬을 만들어 주는 (   )은/는 시의 핵심적인 요소 중 하나야.

국어 [253005-0033]

3 밑줄 친 뜻을 가진 단어가 되도록 보기 의 글자를 조합해 써 보자.

보기

인   배   물   등   경   갈

(1) 이 소설의 사건이 벌어지는 시간과 공간은 조선 시대의 한양이다. → ☐☐

(2) 이 소설에 등장하는 사람 중 사건을 주도적으로 이끌어 가는 사람은 홍길동이다. → ☐☐

(3) 「홍길동전」에서는 홍길동과 아버지를 아버지라고 떳떳하게 부르지 못하는 외부 요소와의 사이에서 대립과 충돌이 일어난다. → ☐☐

사회 [253005-0034]

4 문장에 알맞은 단어를 (   ) 안에서 골라 ○표 해 보자.

(기후 , 위치)는 지역이 일정한 장소에 차지하고 있는 자리를 뜻하는 단어이고, (기후 , 위치)는 일정한 지역에 오랜 기간에 걸쳐 나타난 기온, 강수, 바람 등의 평균 상태를 뜻하는 단어이다.

사회 [253005-0035]

5 단어의 뜻을 찾아 선으로 이어 보자.

(1) 자연환경 •   • 인간 활동의 결과로 만들어진 산업, 종교, 언어 등의 환경.

(2) 인문환경 •   • 인간 생활을 둘러싸고 있는 자연계의 모든 요소가 이루는 환경.

사회 [253005-0036]

6 밑줄 친 뜻을 가진 단어를 골라 ○표 해 보자.

선생님: 오늘은 사물과 사물을 서로 잇거나 현상과 현상이 관계를 맺게 하는 성질에 대해 배울 거예요.

(다양성 , 역동성 , 연결성)

수학 [253005-0037]

7 밑줄 친 단어의 쓰임이 알맞으면 ○표, 알맞지 않으면 ✕표 해 보자.

(1) 2^3에서 3은 지수이다. (   )

(2) 13은 1과 그 수 자신만을 약수로 가지므로 합성수이다. (   )

수학 [253005-0038]

8 문장에 알맞은 단어를 (   ) 안에서 골라 ○표 해 보자.

(1) 8의 약수 중에서 2는 소수인 약수이므로 (서로소 , 소인수)이다.

(2) 3의 배수는 3, 6, 9, 12, …이고 4의 배수는 4, 8, 12, 16, …인데 12처럼 3과 4의 공통인 배수를 (공배수 , 공약수)라고 한다.

1주차 어휘력 테스트

수학 [253005-0039]

9 다음 중 옳은 것을 찾아 ○표 해 보자.

(1) $3+3+3+3=3^4$ (　　　　)　　　　(2) 5^3에서 지수는 5이다. (　　　　)

(3) 36을 소인수분해하면 $36=3\times3\times2\times2=3^2\times2^2$이다. (　　　　)

과학 [253005-0040]

10 세포에 대한 설명으로 옳은 것은 ○표, 옳지 <u>않은</u> 것은 ✕표 해 보자.

(1) 세포는 생명 활동이 일어나는 기본 단위이다. (　　　　)

(2) 세포막과 세포벽은 동물 세포와 식물 세포에 공통으로 들어 있다. (　　　　)

과학 [253005-0041]

11 다음 설명에 알맞은 단어를 찾아 선으로 이어 보자.

(1) 세포 안에 들어 있는 작은 기관들이다. •　　　　• 세포막

(2) 세포를 둘러싸는 얇은 막이다. •　　　　• 세포벽

(3) 식물 세포에만 있는 구성 요소이다. •　　　　• 세포소기관

한자 [253005-0042]

12 뜻에 알맞은 단어가 되도록 **보기** 에서 글자를 찾아 써 보자.

보기

정	복
화	공

(1) 재앙이나 근심이 바뀌어 오히려 복이 됨. → | 전 |　| 위 |

(2) 하는 일이나 행동이 한쪽으로 치우치거나 그릇됨이 없이 올바르고 떳떳함.

→ |　| 명 |　| 대 |

영문법 [253005-0043]

13 밑줄 친 단어를 문장의 요소에 맞게 고쳐 써 보자.

> I like my friend.(나는 내 친구를 좋아한다.)
> ⇨ I(나)는 like(좋아하다)라는 동작의 주체인 ㉠<u>서술어</u>, like(좋아하다)는 I(나)의 동작을 나타내는
> ㉡<u>목적어</u>, my friend(내 친구)는 like(좋아하다)의 행위 대상이 되는 ㉢<u>주어</u>이다.

(1) ㉠ → (　　　　)　　　　(2) ㉡ → (　　　　)　　　　(3) ㉢ → (　　　　)

1회 학습 계획일 ◯월 ◯일

국어 교과서 어휘	사회 교과서 어휘
요약	생활 양식
중심 문장	문화 경관
재구성	발상지
구조	산맥
목적	계절풍
전개 방식	곡창 지대
	종교 갈등

2회 학습 계획일 ◯월 ◯일

수학 교과서 어휘	과학 교과서 어휘
부호	조직
양수	기관
음수	생태계
정수	생물다양성
유리수	변이
수직선	분류
	생물분류체계

3회 학습 계획일 ◯월 ◯일

국어 교과서 어휘	사회 교과서 어휘
선정	황사
정보	조산대
예상 독자	인구 구조
검색	저출산
개요	고령화
쓰기 윤리	첨단 산업
보고서	노동 집약적

4회 학습 계획일 ◯월 ◯일

수학 교과서 어휘	과학 교과서 어휘
절댓값	동물계
부등호	식물계
수의 대소 관계	균계
교환법칙	원생생물계
결합법칙	원핵생물계
분배법칙	생물다양성 보전

5회 학습 계획일 ◯월 ◯일

한자 어휘	영문법 어휘
동창	명사
동일	동사
동고동락	형용사
명실상부	부사
명장	

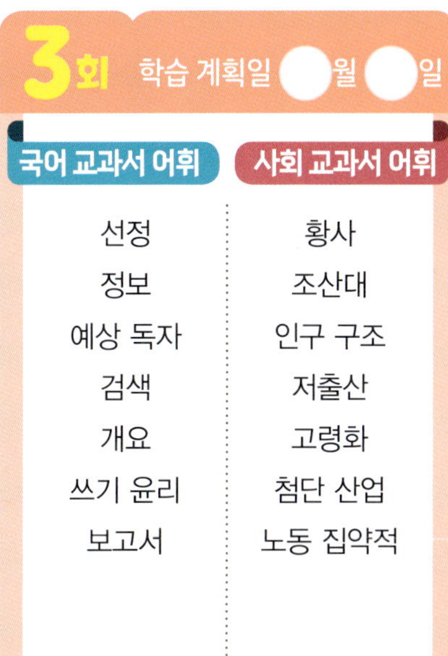

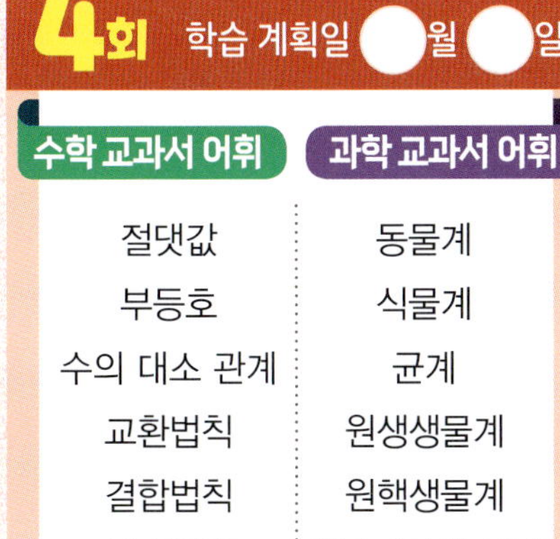

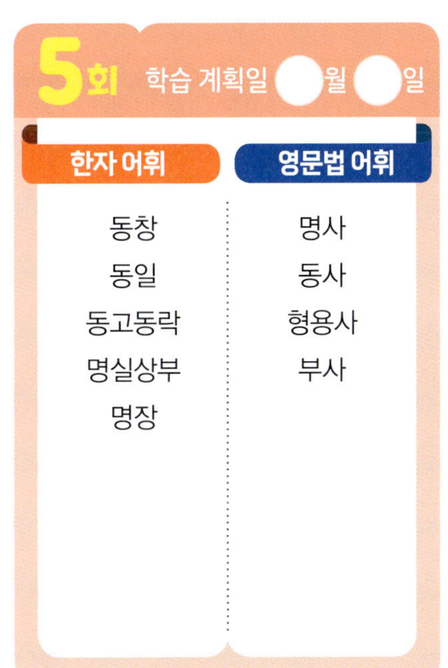

국어 교과서 어휘

✏️ 단어와 그 뜻을 익히고, 빈칸에 알맞은 단어를 써 보자.

요약
중요할 要 + 묶을 約
👆 '約'의 대표 뜻은 '맺다'임.

글에서 **중요한 내용을 간추려 간략하게 정리하는 일**.

예 소설의 줄거리는 소설의 전체 내용을 □□ 한 것이다.

플러스 개념어 요약의 방법
- 선택: 중심 문장을 선택함.
- 삭제: 반복되거나 덜 중요한 내용은 지움.
- 일반화: 구체적 개념이나 세부 정보는 그 단어들을 포괄하는 단어로 묶음.
- 재구성: 주요 내용을 바탕으로 새로운 중심 문장을 만듦.

중심 문장
가운데 中 + 마음 心 + 글월 文 + 글 章

문단에서 중심이 되는 문장으로, **말하려고 하는 핵심 내용을 나타낸 문장**.

예 설명하는 글을 요약할 때는 먼저 문단에서 □□ □□ 을 찾아야 한다.

재구성
다시 再 + 얽을 構 + 이룰 成

한 번 구성한 것을 다시 새롭게 구성함.

예 영화의 주요 내용을 시간의 순서에 따라 □□□ 해 보았다.

구조
얽을 構 + 지을 造

부분이나 요소가 어떤 **전체를 이루는 모양**.

예 문단별로 중심 내용을 정리하면 글의 □□ 를 파악하기 쉽다.

글의 구조에는 여러 가지 내용을 죽 늘어놓은 열거, 원인과 결과를 아울러 이르는 인과, 공통점과 차이점을 찾아 설명하는 비교와 대조 등이 있음.

목적
견해 目 + 목표 的
👆 '目'의 대표 뜻은 '눈', '的'의 대표 뜻은 '과녁'임.

실현하려고 하는 일이나 나아가고자 하는 방향.

예 교과서를 읽는 □□ 은 공부할 내용을 배워서 익히기 위한 것이다.

전개 방식
펼 展 + 열 開 + 방법 方 + 법 式
👆 '方'의 대표 뜻은 '모(모퉁이)'임.

글의 내용을 펼쳐 나가는 일정한 방법이나 형식.

예 작가는 이번 작품에서도 결말에서 반전이 일어나는 □□ □□ 을 보여 주었다.

확인문제

[253005-0044]

1 뜻에 알맞은 단어가 되도록 보기 의 글자를 조합해 써 보자.

보기

약	축	조
요	목	분
구	상	적

(1) 실현하려고 하는 일이나 나아가고자 하는 방향. → ☐☐

(2) 부분이나 요소가 어떤 전체를 이루는 모양. → ☐☐

(3) 글에서 중요한 내용을 간추려 간략하게 정리하는 일. → ☐☐

[253005-0045]

2 요약의 방법에 맞게 ( ) 안에 들어갈 알맞은 단어를 찾아 선으로 이어 보자.

(1) 글의 중심 내용이 직접 드러난 중심 문장을 ( )한다. · · 삭제

(2) 중심 내용과 거리가 먼 내용은 ( ) 한다. · · 선택

(3) 개별적 내용이나 구체적 개념은 상위 개념으로 ( )한다. · · 일반화

(4) 중심 내용이 드러나지 않으면 제시된 내용을 ( )하여 중심 문장을 새로 만든다. · · 재구성

[253005-0046]

3 ( ) 안에 들어갈 알맞은 단어를 보기 에서 찾아 써 보자.

보기

목적	요약	전개 방식

(1) 논설문은 주장과 근거를 중심으로 글을 ( )해야 한다.

(2) 글을 읽는 ( )에 따라 글에서 중요하게 생각하는 내용이 다를 수 있다.

(3) 문학에서 '선경후정'은 앞부분에서 경치를 묘사하고 뒷부분에서 그에 대한 감상을 표현하는 ( )을 가리킨다.

✏️ 단어와 그 뜻을 익히고, 빈칸에 알맞은 단어를 써 보자.

생활 양식
살 生 + 살 活 + 모양 樣 + 법 式
🖱 '生'의 대표 뜻은 '나다'임.

사회나 집단이 공통으로 갖고 있는 생활 방식.

예 전통적 생활 방식을 지켜 오던 우리는 근대 이후에 서구식 [ ][ ]을 받아들이게 되었다.

문화 경관
글월 文 + 될 化 + 경치 景 + 볼 觀
🖱 '景'의 대표 뜻은 '볕'임.

특정 문화를 지닌 사람들이 어떤 장소에서 오랜 기간 생활하면서 만들어 놓은 그 지역의 문화적 특징.

예 이민자를 적극적으로 받아들인 나라는 다양한 문화가 들어와서 독특한 [ ][ ]이 나타난다.

발상지
필 發 + 상서 祥 + 땅 地
🖱 '상서'는 복되고 길한 일이 나타날 조짐을 뜻함.

역사적으로 큰 가치가 있는 일이나 사물이 처음으로 생긴 곳.

예 문명 [ ][ ]의 가장 큰 공통점은 수량이 풍부한 강이 흐르고 있고, 그 주변으로 비옥한 농토가 형성되었다는 점이다.

산맥
산 山 + 줄기 脈

여러 산들이 길게 이어져 줄기를 이루고 있는 것.

예 아시아는 우랄[ ]을 기준으로 유럽과 구분한다.

플러스 개념어 **산줄기**
큰 산에서 길게 뻗어 나간 산의 줄기.

계절풍
계절 季 + 절기 節 + 바람 風
🖱 '節'의 대표 뜻은 '마디'임.

계절풍은 여름에는 바다에서 대륙으로, 겨울에는 대륙에서 바다로 붊.
계절에 따라 일정한 방향으로 반복해 부는 바람.

예 우리나라는 [ ][ ]의 영향으로 겨울에는 건조하고, 여름에는 습도가 높다.

플러스 개념어 **편서풍**
위도 30~65도 사이 지역에서 서쪽에서 동쪽으로 치우쳐 부는 바람.

곡창 지대
곡식 穀 + 곳집 倉 + 땅 地 + 띠 帶

쌀 따위의 곡식이 많이 나는 지대.

예 아시아에는 큰 강이 있고, 주변에 평야가 발달해 있어 세계적인 [ ][ ][ ]를 이룬다.

종교 갈등
마루 宗 + 가르칠 敎 + 칡 葛 + 등나무 藤

개인이나 집단 사이에 종교적 이념이 달라 서로 적대시하거나 충돌하는 일. 또는 그런 상태.

예 아시아 국가들은 [ ][ ]을 해소하기 위해 서로 다른 문화의 다양성을 존중하고 있다.

[253005-0047]

1 뜻에 알맞은 단어를 찾아 선으로 이어 보자.

(1) 쌀 따위의 곡식이 많이 나는 지대. • • 문화 경관

(2) 사회나 집단이 공통으로 가지고 있는 생활 방식. • • 곡창 지대

(3) 특정 문화를 지닌 사람들이 어떤 장소에서 오랜 기간 생활하면서 만들어 놓은 그 지역의 문화적 특징. • • 생활 양식

[253005-0048]

2 뜻에 알맞은 단어가 되도록 보기의 글자를 조합해 써 보자.

보기

| 발 | 갈 | 종 | 지 | 교 | 상 | 등 |

(1) 역사적으로 큰 가치가 있는 일이나 사물이 처음으로 생긴 곳. → ☐☐☐

(2) 종교적 이념이 달라 서로 적대시하거나 충돌하는 일. 또는 그런 상태. → ☐☐ ☐☐

[253005-0049]

3 ( ) 안에 들어갈 알맞은 단어를 보기에서 찾아 써 보자.

보기

산맥　　계절풍　　발상지

(1) 아시아의 지형은 히말라야 (　　　　), 티베트 고원 등과 같은 높은 산지와 고원이 나타난다.

(2) 남부 아시아에서 뚜렷하게 나타나는 (　　　　)은/는 여름에는 바다에서 대륙으로, 겨울에는 대륙에서 바다로 분다.

(3) 메소포타미아의 티그리스·유프라테스강 유역, 이집트의 나일강 유역, 인도의 인더스강 유역, 중국의 황하 유역은 세계의 4대 문명 (　　　　)이다.

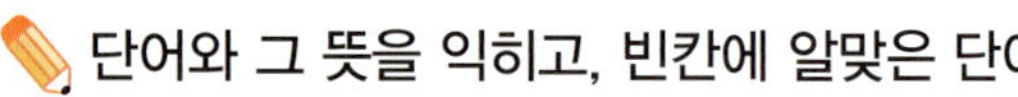

✏️ 단어와 그 뜻을 익히고, 빈칸에 알맞은 단어를 써 보자.

부호
부호 符 + 이름 號

일정한 뜻을 나타내기 위하여 따로 정하여 쓰는 기호로, 수학에서는 **양수, 음수**를 나타내는 기호 +, −를 말함.

예 서로 반대되는 성질을 가진 두 수량을 나타낼 때, 기준점이 되는 수를 0으로 하고 한쪽 수량에는 양의 ☐ '+'를, 다른 쪽 수량에는 음의 ☐ '−'를 붙여 나타낼 수 있다.

양수
볕 陽 + 셈 數

0보다 큰 수로, **0이 아닌 수에 양의 부호 +를 붙인 수.**

예 $+2$, $+\dfrac{1}{4}$, $+3.7$은 모두 ☐ 이다.

음수
그늘 陰 + 셈 數

0보다 작은 수로, **0이 아닌 수에 음의 부호 −를 붙인 수.**

예 -1, $-\dfrac{2}{3}$, -0.5는 모두 ☐ 이다.

정수
가지런할 整 + 셈 數

양의 정수, 0, 음의 정수를 통틀어 부르는 말.

예 $+1$, $+2$, $+3$, …과 같이 자연수에 양의 부호를 붙인 수를 양의 ☐, -1, -2, -3, …과 같이 자연수에 음의 부호를 붙인 수를 음의 ☐ 라고 한다.

양의 부호 +와 음의 부호 −는 각각 덧셈, 뺄셈의 기호와 모양은 같지만 그 뜻은 달라.

유리수
있을 有 + 이치 理 + 셈 數
☞ '理'의 대표 뜻은 '다스리다'임.

두 정수의 비로 나타낼 수 있는 수로, 분수로 나타낼 수 있는 수. **양의 유리수, 0, 음의 유리수를 통틀어 부르는 말.**

예 $-3=-\dfrac{3}{1}$과 같이 모든 정수는 분모가 1인 분수로 나타낼 수 있으므로 ☐☐ 이다.

플러스 개념어 양의 유리수, 음의 유리수
• 양의 유리수: $+\dfrac{1}{2}$, $+\dfrac{2}{2}$, $+\dfrac{3}{2}$, … 과 같이 분수에 양의 부호 +를 붙인 수.
• 음의 유리수: $-\dfrac{1}{2}$, $-\dfrac{2}{2}$, $-\dfrac{3}{2}$, … 과 같이 분수에 음의 부호 −를 붙인 수.

수직선
셈 數 + 곧을 直 + 줄 線

직선 위에 기준이 되는 점을 O로 하고, 그 점에 수 0을 대응시킨 후 점 O의 양쪽에 일정한 간격으로 점을 잡아 오른쪽은 양수, 왼쪽은 음수를 차례로 대응시킨 직선. 즉 **수를 대응시킨 직선.**

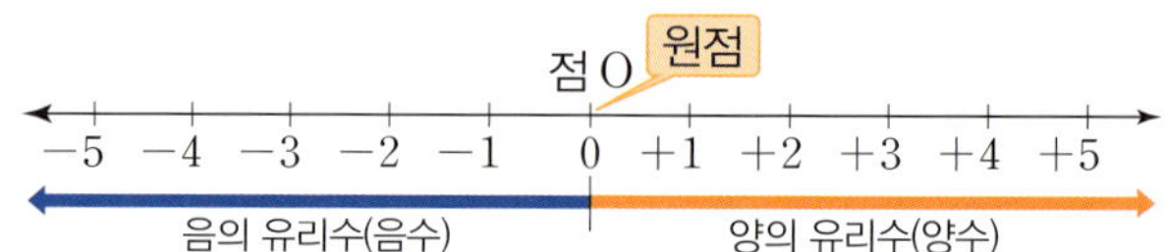

예 ☐☐ 에서 0을 기준으로 왼쪽은 음수, 오른쪽은 양수를 나타낸다.

확인문제

[253005-0050]

1 뜻에 알맞은 단어를 찾아 선으로 이어 보자.

(1) 양의 정수, 0, 음의 정수를 통틀어 부르는 말. • • 부호

(2) 양수, 음수를 나타내는 기호 $+$, $-$를 말함. • • 음수

(3) 양의 유리수, 0, 음의 유리수를 통틀어 부르는 말. • • 정수

(4) 0보다 작은 수로, 0이 아닌 수에 음의 부호 $-$를 붙인 수. • • 유리수

[253005-0051]

2 뜻에 알맞은 단어를 보기 에서 찾아 써 보자.

보기
음의 정수　　　수직선　　　양의 유리수

(1) 직선 위에 기준이 되는 점을 O로 하고, 그 점에 수 0을 대응시킨 후 점 O의 양쪽에 일정한 간격으로 점을 잡아 오른쪽은 양수, 왼쪽은 음수를 차례로 대응시킨 직선을 (　　　　　)(이)라고 한다.

(2) 자연수에 음의 부호를 붙인 수 -1, -5, -12는 (　　　　　)이다.

(3) 분모, 분자가 모두 자연수인 분수에 양의 부호를 붙인 $+\dfrac{1}{2}$, $+\dfrac{1}{5}$, $+\dfrac{3}{7}$은 (　　　　　)이다.

[253005-0052]

3 설명이 알맞으면 ○표, 알맞지 <u>않으면</u> ✕표를 따라가며 선을 긋고, 몇 번으로 나오는지 써 보자.

출발

(1) 영하 3℃는 음의 부호를 사용해 -3℃로 나타낼 수 있다.

(2) $+4$, -6, 0 중에서 $+4$만 정수이다. ❶

(3) $-\dfrac{2}{3}$는 유리수가 아니다.

(4) $+2$, $+\dfrac{2}{3}$는 모두 양수이다. ❷

❸　　❹

(　　　　　)

과학 교과서 어휘

✏️ 단어와 그 뜻을 익히고, 빈칸에 알맞은 단어를 써 보자.

조직
짤 組 + 짤 織

생물체를 구성하는 단위의 하나로서, 모양과 기능이 비슷한 세포가 모여 이루는 생물의 구성 단계.

예 근육세포가 모여 근육 [ ]을 만들고 신경세포가 모여 신경 [ ]을 만든다.

> 플러스 개념어 조직계
> 식물에서 연관된 기능을 하는 조직이 모여 이루는 생물의 구성 단계.

기관
그릇 器 + 벼슬 官

여러 조직이 모여 일정한 형태를 가지며 특정한 기능을 하는 생물의 구성 단계.

예 근육조직, 신경조직 등과 같이 여러 가지 조직이 모여 소화 [ ]의 하나인 대장을 만든다.

> 플러스 개념어 기관계
> 동물에서 서로 연관된 기능을 하는 여러 기관이 모여 이루는 생물의 구성 단계.

생태계
날 生 + 모습 態 + 이을 系

바다와 숲, 갯벌과 사막 등 여러 환경에 사는 생물이 서로 다른 생물 또는 생물이 아닌 요인과 상호 작용하는 것.

예 지구라는 커다란 [ ] 안에 숲 생태계, 바다 생태계 등의 작은 생태계가 있다.

생물다양성
날 生 + 무리 物 + 많을 多 + 모양 樣 + 성질 性
🖱 '物'의 대표 뜻은 '만물'임.

어떤 지역에 살고 있는 생물의 다양한 정도. 여러 생태계에 얼마나 다양한 생물이 살고 있는지를 나타낸 것.

예 남극에는 펭귄, 북극에는 북극곰 등 환경이 다른 지구 곳곳에 살고 있는 생물은 그 종류도 다르고 수도 달라서 지역마다 [ ]이 다르다.

변이
변할 變 + 다를 異

같은 종류의 생물 사이에 나타나는 생김새나 성질이 다른 특징.

예 다양한 환경에 유리한 [ ]를 가진 생물이 더 많이 살아남아 자손을 남긴다.

분류
나눌 分 + 무리 類

일정한 기준에 따라 사물을 무리 지어 나누는 것.

예 동물은 '새끼를 낳는 동물과 알을 낳는 동물'과 같이 생물의 고유한 특징으로 [ ]할 수 있다.

> 플러스 개념어 생물의 분류
> 생물의 고유한 특징에 따라 무리 지어 나누는 것.

생물분류체계
날 生 + 무리 物 + 나눌 分 + 무리 類 + 몸 體 + 이을 系

다양한 생물을 비교하여 비슷한 특징이 있는 것끼리 묶고 단계적으로 정리한 것으로 '종, 속, 과, 목, 강, 문, 계'의 단계로 생물을 분류하는 방식.

예 [ ]에 따라 생물을 무리를 지어 나누면 사자와 말 중에서 고양이와 공통의 특징이 더 많은 생물을 가릴 수 있다.

> 플러스 개념어 생물 분류 단위
> • 종: 생물을 분류할 때 가장 기본적인 분류 단위.
> • 계: 생물을 분류하는 단위 중 가장 큰 단위.

2
주차

1회
2회
3회
4회
5회

[253005-0053]

1 뜻에 알맞은 단어를 찾아 선으로 이어 보자.

(1) 생물체를 구성하는 단위의 하나로서, 생물의 모양과 기능이 비슷한 세포가 모여 이루는 생물의 구성 단계. ·

· 조직계

(2) 식물에서 연관된 기능을 하는 조직이 모여 이루는 생물의 구성 단계. ·

· 조직

(3) 동물에서 서로 연관된 기능을 하는 여러 기관이 모여 이루는 생물의 구성 단계. ·

· 기관계

[253005-0054]

2 빈칸에 들어갈 글자를 보기 에서 찾아 써 보자.

보기

태 이 기 체 분 변

(1) 바다, 숲, 갯벌과 사막 등 생 [ ] 계 가 다양하면 그곳에 사는 생물의 종류도 다양하다.

(2) 동물은 '새끼를 낳는 동물과 알을 낳는 동물'과 같이 생물의 고유한 특징으로 [ ] 류 할 수 있다.

(3) 육지거북과 같이 다양한 환경에 유리한 [ ] 이 를 가진 생물이 더 많이 살아남아 자손을 남긴다.

(4) 동물은 근육조직, 신경조직 등이 모여 호흡 [ ] 관 의 하나인 폐를 이룬다.

[253005-0055]

3 ( ) 안에 알맞은 단어를 보기 에서 찾아 써 보자.

보기

생물의 분류 생물다양성 생물분류체계

(1) 생물의 고유한 특징에 따라 무리 지어 나누는 것을 (   )(이)라고 한다.

(2) '종, 속, 과, 목, 강, 문, 계'의 단계로 생물을 분류하는 방식을 (   )(이)라고 한다.

(3) 어떤 지역에 살고 있는 생물의 다양한 정도를 (   )(이)라고 한다.

국어 교과서 어휘

✏️ 단어와 그 뜻을 익히고, 빈칸에 알맞은 단어를 써 보자.

선정
가릴 選 + 정할 定

여러 가지 중에서 어떤 것을 골라서 정함.

예 여러 단체에서 그 책을 올해의 좋은 책으로 ☐☐했다.

동음이의어 선정
선정(착할 善＋정사 政): 백성을 바르고 어질게 다스리는 정치. ↔ (반) 악정(악할 惡＋정사 政)
예 세종대왕은 선정을 베푸신 훌륭한 분이시다.

정보
사실 情 + 알릴 報
🖱 '情'의 대표 뜻은 '뜻'임.

관찰을 통해 수집한 자료를 실제 문제 해결에 도움이 되도록 정리한 자료나 지식.

예 국어사전에는 단어의 뜻과 쓰임 등에 관한 다양한 ☐☐가 들어 있다.

예상 독자
미리 豫 + 생각 想 +
읽을 讀 + 사람 者

글쓴이가 글을 쓰기 전에 미리 생각하여 둔, 글을 읽을 사람.

예 글쓰기를 하려면 먼저 글의 주제, 목적, ☐☐ ☐☐ 등을 생각해 보아야 한다.

검색
검사할 檢 + 찾을 索

책이나 컴퓨터에서 목적에 따라 필요한 자료를 찾아내는 것.

예 책을 읽다가 모르는 내용이 나올 때 컴퓨터를 이용해 ☐☐하면 도움이 된다.

개요
대개 槪 + 요약할 要
🖱 '要'의 대표 뜻은 '요긴하다'임.

전체의 내용을 대강 알 수 있도록 뽑아 정리한 주요 내용.

예 글을 효율적으로 쓰기 위해서는 쓸 내용의 ☐☐를 작성하는 습관이 중요하다.

쓰기 윤리
쓰기 + 인륜 倫 + 도리 理
🖱 '理'의 대표 뜻은 '다스리다'임.

글을 쓰는 과정에서 지켜야 할 올바른 규칙.

예 글을 쓸 때는 내용이 사회적인 가치를 해치지 않는 등 ☐☐ ☐☐를 지켜야 한다.

보고서
알릴 報 + 알릴 告 + 글 書
🖱 '報'의 대표 뜻은 '갚다'임.

어떤 일에 관한 내용이나 결과를 알리는 글.

예 ☐☐☐는 사실을 바탕으로 써야 한다.

플러스 개념어 보고서의 종류
• 관찰 보고서
• 조사 보고서
• 실험 보고서
• 답사 보고서

[253005-0056]

1 뜻에 알맞은 단어가 되도록 **보기** 의 글자를 조합해 써 보자.

보기

| 선 | 요 | 검 | 개 | 정 | 서 | 색 | 고 | 보 |

(1) 여러 가지 중에서 어떤 것을 골라서 정함. → ☐☐

(2) 책이나 컴퓨터에서 목적에 따라 필요한 자료를 찾아내는 것. → ☐☐

(3) 전체의 내용을 대강 알 수 있도록 뽑아 정리한 주요 내용. → ☐☐

(4) 어떤 일에 관한 내용이나 결과를 알리는 글. → ☐☐☐

[253005-0057]

2 밑줄 친 '선정'과 같은 뜻으로 쓰인 것에 ◯표 해 보자.

(1) 그는 올해의 최우수 선수로 <u>선정</u>되었다. (   )

(2) 옛 임금들은 <u>선정</u>을 베푼 임금도 있고, 악정을 펼친 임금도 있다.

(   )

[253005-0058]

3 (   ) 안에 들어갈 알맞은 단어를 **보기** 에서 찾아 써 보자.

보기

검색   정보   개요

(1) 본격적인 글을 쓰기 전에 글의 대략적인 내용을 알 수 있도록 글의 (   )을/를 짜 두면 효율적이다.

(2) 작가가 이 소설을 창작한 동기가 무엇인지 알고 싶어서 인터넷 (   )을/를 해 보았다.

(3) 우리는 이번 여행을 떠나기 전에 여행지에 대한 (   )을/를 미리 찾아보았다.

✏️ 단어와 그 뜻을 익히고, 빈칸에 알맞은 단어를 써 보자.

황사
누를 黃 + 모래 沙
👆 '沙'는 같은 뜻의 '砂'로도 씀.

바람에 의해 하늘 높이 올라간 미세한 모래 먼지가 대기 중에 퍼져 있다가 서서히 떨지는 현상 또는 모래흙.

예 봄에서 초여름에 중국에서 날아오는 ☐☐ 때문에 창문을 닫고 생활해야 했다.

플러스 개념어 **황사 현상**
중국 대륙의 사막이나 황토 지대에 있는 가는 모래가 강한 바람으로 인하여 날아올랐다가 점차 내려오는 현상으로, 봄·초여름에 우리나라에도 날아온다.

조산대
만들 造 + 뫼 山 + 띠 帶
👆 '造'의 대표 뜻은 '짓다'임.

산맥을 형성하는 지각 변동이 있었거나 일어날 가능성이 큰 지역.

예 각 대륙을 따라 반원을 그리며 이어진 ☐☐☐에서 활발한 화산 활동과 지진이 관찰되고 있다.

인구 구조
사람 人 + 입 口 + 얽을 構 + 지을 造
👆 '인구 구성'은 같은 의미의 단어임.

일정한 지역 안의 인구를 성별, 나이, 결혼 여부, 직업, 교육 정도 따위의 기준으로 나누어 본 짜임새.

예 연령별 남녀 비율을 나타낸 그래프를 인구 피라미드라고 하는데, 그래프를 보면 ☐☐☐☐를 한눈에 알 수 있다.

플러스 개념어 **인구 이동**
인구가 한 장소에서 다른 장소로 옮겨 가는 것.

저출산
낮을 低 + 날 出 + 낳을 産

사회 전체적으로 아이를 적게 낳음. 또는 그런 상태.

예 최근 ☐☐☐으로 우리나라의 인구수가 줄어들고 있다.

플러스 개념어 **합계 출산율**
한 여성이 평생 낳을 것이라고 예상되는 평균 자녀 수.

고령화
높을 高 + 나이 齡 + 될 化

한 사회에서 노인의 인구 비율이 높은 상태로 나타나는 일.

예 농촌 사회에서는 ☐☐☐ 현상이 더욱 두드러지고 있다.

첨단 산업
뾰족할 尖 + 바를 端 + 낳을 産 + 일 業

기술 집약도가 높고, 관련 산업에 미치는 효과가 큰 산업.

예 정부는 첨단 기술을 활용해 ☐☐☐☐을 집중적으로 지원한다는 계획을 세웠다.

플러스 개념어 **4차 산업 혁명**
인공 지능(AI), 사물 인터넷(IoT) 등 첨단 기술이 발달하면서 나타난 변화.

노동 집약적
수고로울 勞 + 움직일 動 + 모을 集 + 맺을 約 + ~한 상태 的

생산 요소 가운데 다른 요소에 비하여 노동력이 많이 드는 상태.

예 동남아시아의 여러 국가에서는 ☐☐☐☐☐ 제조업이 발달하였다.

[253005-0059]

1 단어의 뜻을 보기 에서 찾아 사다리를 타고 내려간 곳에 기호를 써 보자.

보기

㉠ 사회 전체적으로 아이를 적게 낳음. 또는 그런 상태.

㉡ 한 여성이 평생 낳을 것이라고 예상되는 평균 자녀 수.

㉢ 한 사회에서 노인의 인구 비율이 높은 상태로 나타나는 일.

[253005-0060]

2 빈칸에 들어갈 알맞은 단어를 찾아 선으로 이어 보자.

(1) [　　] : 주로 중국에서 발생하는 모래 폭풍과 흙먼지로, 대부분 봄철인 4월에 발생한다.

•   • 조산대

(2) 환태평양 [　　] : 태평양 주변은 지진과 화산 활동이 활발하여 '불의 고리'라고도 불린다.

•   • 황사

(3) 4차 산업 혁명: 인공 지능(AI), 사물 인터넷(IoT) 등 [　　] 기술이 발달하면서 나타난 변화를 말한다.

•   • 첨단

[253005-0061]

3 문장에 어울리는 단어를 ( ) 안에서 골라 ○표 해 보자.

(1) 우리나라, 일본, 중국, 인도 등은 빠른 경제 성장을 바탕으로 (첨단 산업 , 노동 집약적 제조업)이 발달하였다.

(2) 동남아시아의 베트남, 인도네시아 등은 노동력이 (풍부 , 부족)하고 인건비가 저렴해서 노동 집약적 제조업이 발달하였다.

(3) 아시아는 세계 평균에 비해 청장년층 인구 비중이 높은 (인구 구조 , 인구 이동)의 형태를 띤다.

수학 교과서 어휘

✏️ 단어와 그 뜻을 익히고, 빈칸에 알맞은 단어를 써 보자.

절댓값
끊을 絕 + 마주할 對 + 값

수직선에서 0을 나타내는 점과 어떤 수를 나타내는 점 사이의 거리.

예 −3, +3의 ⬚⬚⬚ 은 기호 | |를 사용해 각각 |−3|, |+3|과 같이 나타낸다.

부등호
아닐 不 + 같을 等 + 이름 號

2개의 수 또는 식이 같지 않다는 것을 나타내는 기호로 $<$, $>$, $\leq$, $\geq$, $\neq$ 가 있다.

예 x는 3보다 크다는 ⬚⬚⬚ 를 사용하여 $x>3$로 나타낼 수 있다.

플러스 개념어 부등호의 종류

부등호	의미	
$>$	초과	크다
$<$	미만	작다
$\geq$	이상	크거나 같다
$\leq$	이하	작거나 같다

작지 않다
크지 않다

수의 대소 관계
셈 數 + 의 +
클 大 + 작을 小 +
관계할 關 + 걸릴 係

어떤 수가 더 큰지 작은지 그 관계를 비교하는 것.

예 수직선에서 수의 ⬚⬚ ⬚⬚ 를 알아보면 오른쪽에 있는 수가 왼쪽에 있는 수보다 크다.

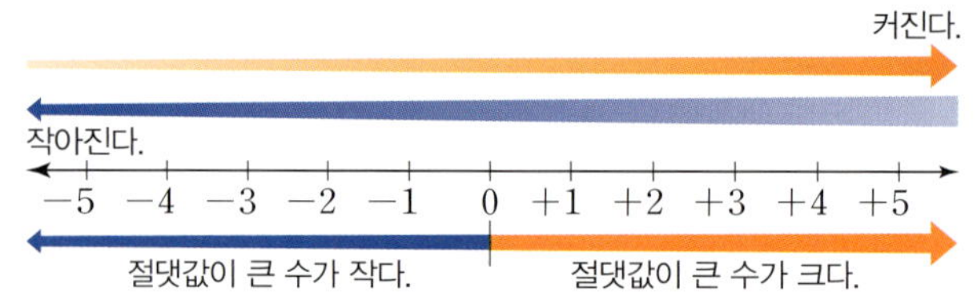

교환법칙
서로 交 + 바꿀 換 +
법 法 + 법칙 則
🖱 '交'의 대표 뜻은 '사귀다'임.

두 수의 순서를 바꾸어 계산해도 계산한 결과가 같으면 성립하는 법칙.

예 $3+5=5+3$과 같이 두 수의 순서를 바꾸어 더한 결과가 같으면 ⬚⬚⬚⬚ 이 성립한다.

• 덧셈의 교환법칙
$\bigcirc + \triangle = \triangle + \bigcirc$

• 곱셈의 교환법칙
$\bigcirc \times \triangle = \triangle \times \bigcirc$

결합법칙
묶을 結 + 합할 合 +
법 法 + 법칙 則
🖱 '結'의 대표 뜻은 '맺다'임.

세 수 이상을 계산할 때, 앞의 두 수를 먼저 계산한 결과와 뒤의 두 수를 먼저 계산한 결과가 같으면 성립하는 법칙.

예 $(2\times3)\times4=2\times(3\times4)$와 같이 앞의 두 수를 먼저 계산한 결과와 뒤의 두 수를 먼저 계산한 결과가 같으면 ⬚⬚⬚⬚ 이 성립한다.

• 덧셈의 결합법칙
$(\bigcirc + \triangle) + \square$
$= \bigcirc + (\triangle + \square)$

• 곱셈의 결합법칙
$(\bigcirc \times \triangle) \times \square$
$= \bigcirc \times (\triangle \times \square)$

분배법칙
나눌 分 + 나눌 配 +
법 法 + 법칙 則

괄호 밖의 것을 괄호 안에 골고루 분배해 계산해도 그 결과가 같다는 법칙.

$\bigcirc \times (\square + \triangle) = (\bigcirc \times \square) + (\bigcirc \times \triangle)$

예 $2\times(3+4)=(2\times3)+(2\times4)$와 같이 2에 3과 4의 합을 곱한 결과와 2에 3과 4를 각각 곱한 결과의 합이 같으므로 ⬚⬚⬚⬚ 이 성립한다.

[253005-0062]

1 다음 수직선에서 알맞은 점을 ( ) 안에서 골라 ○표 해 보자.

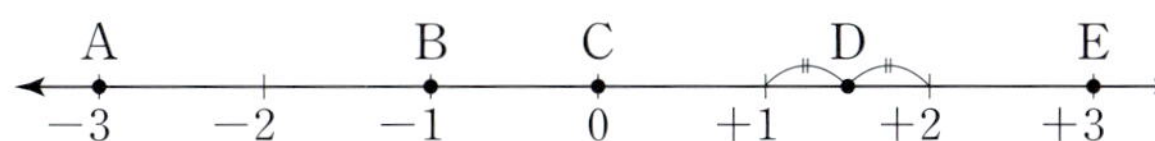

(1) 점 (A , B , C , D , E)가 나타내는 수는 절댓값이 3인 양수이다.

(2) 점 (A , B , C , D , E)가 나타내는 수는 절댓값이 0인 수이다.

(3) 점 (A , B , C , D , E)가 나타내는 수는 절댓값이 3인 음수이다.

(4) 점 (A , B , C , D , E)가 나타내는 수는 절댓값이 1.5인 수이다.

[253005-0063]

2 보기 를 보고 문장에 알맞은 단어를 ( ) 안에서 골라 ○표 해 보자.

(1) **보기**

$$(-2)+(+8)+(-3)$$
$$=(+8)+(-2)+(-3)$$
$$=(+8)+\{(-2)+(-3)\}$$
$$=(+8)+(-5)=+3$$

❶ 덧셈의 $\boxed{\ \ ㉠\ \ }$ 법칙
❷ 덧셈의 $\boxed{\ \ ㉡\ \ }$ 법칙

❶은 -2와 $+8$의 순서를 바꾸어 계산해도 계산한 결과가 서로 같다는 것을 보여 주므로 ㉠에는 (교환 , 결합)이 알맞다.

❷는 세 수 이상을 계산할 때 뒤의 두 수인 -2와 -3의 합을 먼저 계산한 것을 보여 주므로 ㉡에는 (교환 , 결합)이 알맞다.

(2) **보기**

$$8\times\left\{4+\left(-\frac{1}{2}\right)\right\}$$
$$=8\times4+8\times\left(-\frac{1}{2}\right)$$
$$=32+(-4)=28$$

$\boxed{\ \ ㉠\ \ }$ 법칙

괄호 밖의 8을 괄호 안의 4와 $-\dfrac{1}{2}$에 분배해 계산하는 것을 보여 주므로 ㉠에는 (교환 , 분배)
이/가 알맞다.

✏️ 단어와 그 뜻을 익히고, 빈칸에 알맞은 단어를 써 보자.

동물계
움직일 動 + 무리 物 + 경계 界

세포 안에 뚜렷한 핵이 있는 생물 중 세포벽 없이 세포막으로만 둘러싸여 있으며, 다른 생물을 먹어 양분을 얻는 생물 무리.

예 생물분류체계에서 먹이 섭취 등의 기능을 하는 다양한 기관이 발달한 사람, 개, 물고기 등은 [ ]에 속한다.

플러스 개념어 생물의 5계 분류
핵막과 세포벽의 유무, 세포 수, 광합성 가능 여부 등이 중요한 분류 기준이 된다.

식물계
심을 植 + 무리 物 + 경계 界

세포 안에 뚜렷한 핵이 있는 생물 중 광합성을 하여 스스로 양분을 만드는 생물 무리.

예 생물분류체계에서 광합성을 통해 스스로 양분을 만드는 우산이끼, 소나무 등은 [ ]에 속한다.

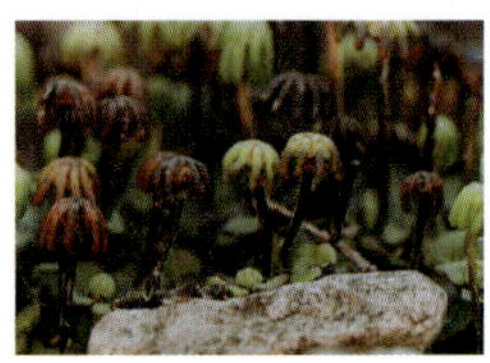

▲ 우산이끼

균계
버섯 菌 + 경계 界

세포 안에 뚜렷한 핵이 있는 생물 중 운동성이 없고 양분을 스스로 만들 수 없어, 죽은 생물이나 주위 물질을 분해하여 양분을 얻는 생물 무리.

예 생물분류체계에서 균사라는 실 모양의 구조가 있으며 죽은 동물이나 배설물을 분해하여 살아가는 버섯, 곰팡이 등은 [ ]에 속한다.

▲ 버섯

원생생물계
근원 原 + 날 生 + 날 生 + 무리 物 + 경계 界

세포 안에 뚜렷한 핵이 있는 생물 중 식물계, 동물계, 균계에 속하지 않는 생물 무리.

예 생물분류체계에서 엽록체를 가지고 광합성을 하는 미역이나 단세포 생물인 유글레나, 짚신벌레 등은 [ ]에 속한다.

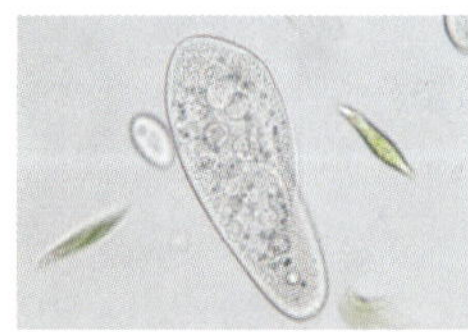

▲ 짚신벌레

원핵생물계
근원 原 + 씨 核 + 날 生 + 무리 物 + 경계 界

세포 안에 핵이 뚜렷하게 구분되지 않는 생물 무리.
흔히 세균이라고 부름.

예 생물분류체계에서 단세포 생물이며 대부분 광합성을 하지 않는 젖산균, 포도상구균, 광합성을 하는 남세균 등은 [ ]에 속한다.

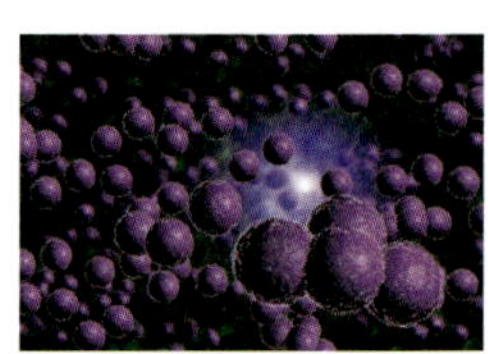

▲ 포도상구균

생물다양성 보전
날 生 + 무리 物 + 많을 多 + 모양 樣 + 성질 性 + 지킬 保 + 온전할 全

특정 생물종이 사라져도 이를 대신할 수 있는 생물이 있어 안정적인 생태계 평형을 유지할 수 있도록 생물다양성을 유지하는 것.

예 인간의 활동으로 생긴 기후 변화와 해수면 상승은 서식지를 파괴하여 [ ]에 위협이 된다.

플러스 개념어 생태계 평형
생태계를 이루는 생물의 종류와 수가 크게 변하지 않고 안정된 상태를 유지하는 것.

확인문제

[253005-0064]

1 뜻에 알맞은 단어를 찾아 선으로 이어 보자.

(1) 생물분류체계에서 먹이 섭취 등의 기능을 하는 다양한 기관이 발달한 사람, 개, 물고기 등이 속한다. •

• 균계

(2) 생물분류체계에서 광합성을 통해 스스로 양분을 만드는 우산이끼, 소나무 등이 속한다. •

• 식물계

(3) 생물분류체계에서 균사라는 실 모양의 구조가 있으며 죽은 동물이나 배설물을 분해하여 살아가는 버섯, 곰팡이 등이 속한다. •

• 동물계

[253005-0065]

2 사진에 알맞은 설명을 보기 에서 찾아 ( ) 안에 기호를 써 보자.

> **보기**
> ㉠ 세포 안에 뚜렷한 핵이 있는 생물 중 식물계, 동물계, 균계에 속하지 않는 생물 무리.
> ㉡ 세포 안에 핵이 뚜렷하게 구분되지 않는 생물 무리.
> ㉢ 죽은 생물이나 주위 물질을 분해하여 양분을 얻는 생물 무리.

(1) 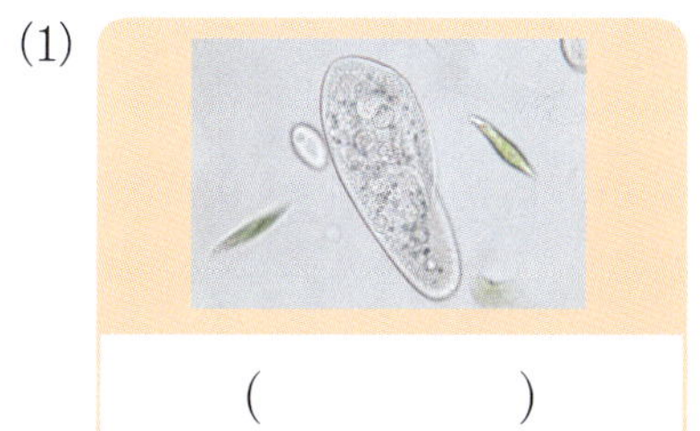

( )

(2) 

( )

(3) 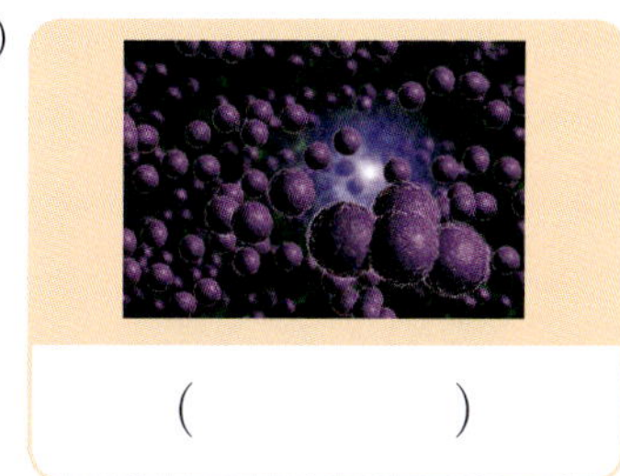

( )

[253005-0066]

3 뜻에 알맞은 단어를 보기 에서 찾아 ( ) 안에 써 보자.

> **보기**
> 생태계 평형   생물다양성 보전

(1) 특정 생물종이 사라져도 이를 대신할 수 있는 생물이 있어 생물다양성을 유지하는 것을 ( )이라고 한다.

(2) 생태계를 이루는 생물의 종류와 수가 크게 변하지 않고 안정된 상태를 유지하는 것을 ( )이라고 한다.

한자 어휘

同
뜻 한가지 음 동

동(同)은 주로 '한가지', '같다'라는 뜻으로 쓰여. 형태, 성질, 동작 등이 서로 같은 것을 '한가지'라고 해. 동(同)이 '함께'라는 뜻으로 쓰일 때도 있어.

名
뜻 이름 음 명

명(名)은 주로 '이름'이라는 뜻으로 쓰여. 명(名)은 사람들에게 높은 평가를 받아 세상에 널리 알려지는 것을 말하는 '이름나다'라는 뜻으로도 쓰여.

✏️ 단어와 그 뜻을 익히고, 빈칸에 알맞은 단어를 써 보자.

동창
한가지 同 + 창 窓

같은 학교를 같은 해에 나온 사람.

예 오랜만에 초등학교 ☐☐ 을 만나 반가운 마음이 들었다.

같은 학교에서 같은 창문을 쳐다본 사람들이 '동창'임.

동일
같을 同 + 하나 一

어떤 것과 비교해 똑같음.

예 그 회사는 해외와 국내에서 파는 노트북이 ☐☐ 하다고 광고했다.

동(同)이 '같다'라는 뜻으로 쓰였음.

동고동락
함께 同 + 쓸 苦 + 함께 同 + 즐길 樂

괴로움도 즐거움도 함께함.

예 부모님은 평생 동안 ☐☐☐☐ 하며 슬픔과 기쁨을 함께하셨다.

동고(同苦) + 동락(同樂)
괴로움을 함께함. 즐거움을 함께함.

명실상부
이름 名 + 열매 實 + 서로 相 + 들어맞을 符
'符'의 대표 뜻은 '부호'임.

이름과 실제의 상황이 꼭 맞음.

예 ☐☐☐☐ 한 축구 강국답게 이번 월드컵 축구 대회에서 브라질이 우승을 차지했다.

명(名)은 '겉으로 드러난 이름'을, 실(實)은 '속에 있는 실제 상황'을 뜻함.

명장
이름날 名 + 장인 匠
'장인'은 손으로 물건 만드는 일을 하는 사람을 뜻함.

기술이나 재주가 뛰어나 이름난 장인.

예 도자기 ☐☐ 이 만든 작품을 보고 감탄이 나왔다.

명(名)이 '이름나다'라는 뜻으로 쓰였음.

동음이의어 명장(이름날 名 + 장수 將)
잘 싸우고 용맹해 이름난 장수.
예 권율 장군은 임진왜란 때 나라를 구한 명장이다.

[253005-0067]

1 ( ) 안에 들어갈 알맞은 단어를 보기 에서 찾아 써 보자.

> **보기**
> 동창　　　　동일　　　　동고동락　　　　명실상부

(1) 어떤 것과 비교해 똑같음. → (　　　　)

(2) 괴로움도 즐거움도 함께함. → (　　　　)

(3) 이름과 실제의 상황이 꼭 맞음. → (　　　　)

(4) 같은 학교를 같은 해에 나온 사람. → (　　　　)

[253005-0068]

2 밑줄 친 단어의 뜻이 다른 하나를 골라 ◯표 해 보자.

[253005-0069]

3 빈칸에 알맞은 단어가 되도록 글자를 모두 찾아 ◯표 해 보자.

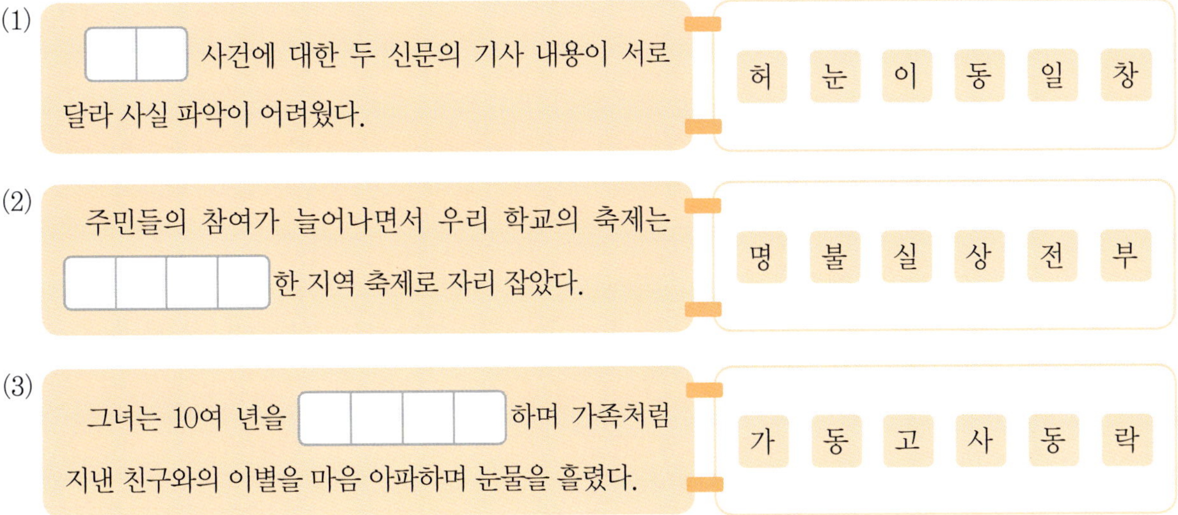

영문법 어휘

영어의 단어는 명사, 동사, 형용사, 부사, 대명사, 감탄사, 접속사, 전치사 등 8개의 품사로 분류해. 품사(word class)는 공통된 성질을 가진 단어끼리 모은 단어의 갈래를 말해. 8품사 중 명사(noun), 동사(verb), 형용사(adjective), 부사(adverb)가 무엇인지 그 뜻과 예를 공부해 보자.

✏️ 단어와 그 뜻을 익히고, 빈칸에 알맞은 단어를 써 보자.

Noun
명사
이름 名 + 말 詞

사람, 물건, 장소, 눈에 보이지 않는 것(추상적인 것) 등의 **이름을 나타내는 말**.
- **Jinsu** lost the **bag** at **school**.
  사람 이름 / 물건 이름 / 장소 이름
  (진수는 학교에서 가방을 잃어버렸다.)

예 "We need love.(우리는 사랑이 필요하다.)"에서 '사랑'을 뜻하는 love는 ☐☐이다.

플러스 개념어 단수, 복수
- 단수: 하나의 사람이나 사물.
- 복수: 둘 이상의 수를 가리키는 말로, 명사 끝에 s나 es를 붙여 만듦.
  예 books(책들), buses(버스들)

Verb
동사
움직일 動 + 말 詞

주어가 하는 **행동, 동작, 상황을 나타내는 말**.
- Heungmin Son **kicks** the ball exactly.(손흥민은 공을 정확하게 **찬다**.)
  주어인 Heungmin Son(손흥민)의 행동을 나타내는 동사

예 "We like ice cream.(우리는 아이스크림을 좋아한다.)"에서 '좋아하다'를 뜻하는 like는 ☐☐이다.

Adjective
형용사
모양 形 + 모양 容 + 말 詞
👆 '容'의 대표 뜻은 '얼굴'임.

명사 앞이나 뒤에 쓰여 그 명사의 모양, 색깔, 성질, 크기 등에 대해 알려 주면서 **명사를 꾸며 주는 말**.
- There are a lot of **beautiful** flowers over the hill.
  명사인 flowers(꽃들)를 꾸며 주는 형용사
  (언덕 너머에 많은 예쁜 꽃들이 있다.)

예 "He brings many old books.(그는 많은 헌책들을 가져간다.)"에서 books(책들)를 꾸미는 old(낡은, 헌)는 ☐☐☐이다.

플러스 개념어 서술형 형용사
형용사가 동사 뒤에 쓰여서 주어의 성질이나 상태를 설명해 주기도 하는데, 역할은 보어이고, '서술형 형용사'라 일컬음.
예 This family is very rich.
(이 가족은 매우 부유하다.)

Adverb
부사
버금 副 + 말 詞

문장 곳곳에 쓰여 동사, 부사, 형용사에 대한 자세한 정보를 알려 주는 말로, **동사, 형용사, 부사를 꾸며 주는 말**.
- The dogs barked **loudly**.(강아지들이 큰 소리로 짖었다.)
  동사인 barked(짖었다)를 꾸며 주는 부사

예 "This homework is very difficult.(이 숙제는 매우 어렵다.)"에서 형용사 difficult(어려운)를 꾸며 주는 very(매우)는 ☐☐이다.

플러스 개념어 부사의 형태
부사는 very(매우)처럼 독자적인 부사형도 있지만, 주로 형용사에 ly가 붙어 있는 형태로 되어 있음.

[253005-0070]

1 단어의 뜻을 찾아 선으로 이어 보자.

(1) 명사 · · 이름을 나타내는 말.

(2) 동사 · · 명사의 모양이나 상태를 나타내기 위해 명사를 꾸며 주는 말.

(3) 형용사 · · 동사, 형용사, 부사를 꾸며 주는 말.

(4) 부사 · · 주어가 하는 행동, 동작, 상황을 나타내는 말.

[253005-0071]

2 각 단어는 명사, 동사, 형용사, 부사 중 무엇인지 사다리를 타고 내려간 곳에 써 보자.

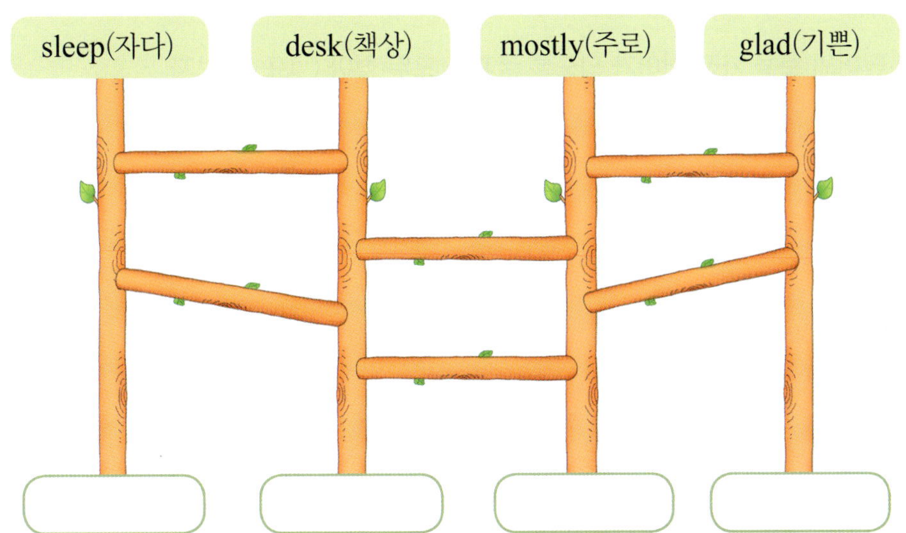

[253005-0072]

3 밑줄 친 단어의 품사가 알맞으면 ○표, 알맞지 <u>않으면</u> ✕표 해 보자.

(1) All students **dance** together at the gym. (체육관에서 모든 학생들이 함께 **춤춘다**.)
　　　　　　 명사
(　　)

(2) This boring **movie** makes me sleepy. (이 지루한 **영화**가 나를 졸리게 한다.)
　　　　　 동사
(　　)

(3) They live in the **tall** building downtown. (그들은 시내의 **높은** 건물에 산다.)
　　　　　　 형용사
(　　)

(4) It is **very** hot this morning. (오늘 아침은 **매우** 덥다.)
　　　 부사
(　　)

어휘력 테스트

2주차 1~5회에서 공부한 단어를 떠올리며 문제를 풀어 보자.

국어 [253005-0073]

1 밑줄 친 단어의 뜻이 알맞으면 ○표, 알맞지 <u>않으면</u> ✕표 해 보자.

> 글을 읽을 때에는 읽기 <u>목적</u>에 따라 필요한 <u>정보</u>가 무엇인지 확인한 후, 그 내용을 중심으로 <u>요약</u>한다.

(1) 목적: 실현하려고 하는 일이나 나아가고자 하는 방향. (   )

(2) 정보: 부분이나 요소가 어떤 전체를 이루는 모양. (   )

(3) 요약: 글에서 중요한 내용을 간추려 간략하게 정리하는 일. (   )

국어 [253005-0074]

2 밑줄 친 단어의 뜻을 가진 단어가 되도록 글자를 모두 찾아 ○표 해 보자.

> 요약하며 읽기에서 중심 내용이 분명하게 드러난 부분이 없다면 제시된 내용에서 <u>한 번 구성한 것을 다시 새롭게 구성</u>하여 중심 문장을 새로 만들어 요약하는 방법이 있다.

재   선   일   반   택   구   화   성

국어 [253005-0075]

3 문장에 알맞은 단어를 괄호 안에서 골라 ○표 해 보자.

> 글쓴이가 글을 쓰는 과정에서 지켜야 할 올바른 규칙이나 윤리적 규범을 (전개 방식 , 쓰기 윤리) (이)라고 한다.

사회 [253005-0076]

4 빈칸에 보기 의 뜻을 가진 단어를 초성을 바탕으로 써 보자.

보기

> 개인이나 집단 사이에 종교적 이념이 달라 서로 적대시하거나 충돌하는 일. 또는 그런 상태.

• 아시아는 다양한 종교를 믿는 사람들이 함께 살아가는 지역이다. 그러나 서로 다른 종교의 차이를 이해하지 않거나 인정하지 않아 | ㅈ | ㄱ | ㄱ | ㄷ | 이 발생하기도 한다.

 [253005-0077]

5 빈칸에 들어갈 말로 알맞은 것은? (　　　　　)

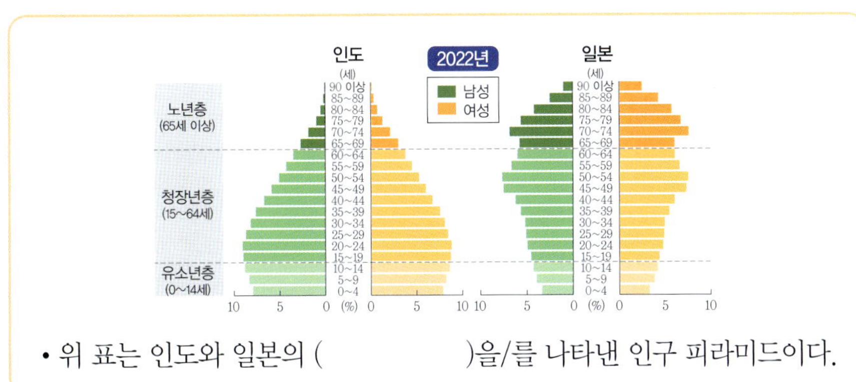

① 인구 이동
② 인구 구조
③ 인구 증가
④ 인구 감소
⑤ 생산 가능 인구

- 위 표는 인도와 일본의 (　　　　　)을/를 나타낸 인구 피라미드이다.

 [253005-0078]

6 밑줄 친 부분과 관련 있는 단어와 그 문제 해결 방법을 찾아 선으로 이어 보자.

　우리나라와 일본 등 경제 수준이 높은 국가에서는 ㉠결혼과 출산에 대한 가치관이 변화하면서 출산율이 낮아졌다. 또한 생활 수준과 의료 기술의 발달 등으로 ㉡기대 수명이 늘어나면서 노년층 인구 비율이 늘어나고 있다.

(1) ㉠ •　　　• 고령화 •　　　• 출산과 육아에 대한 지원을 강화하는 정책을 편다.

(2) ㉡ •　　　• 저출산 •　　　• 노인 복지와 같은 사회 보장 제도를 마련한다.

 [253005-0079]

7 문장에 알맞은 단어를 (　　) 안에서 골라 ○표 해 보자.

(1) 3은 (양수 , 음수)이고, -5는 (양수 , 음수)이다.

(2) $+2$, -4와 같이 분수처럼 쪼개지지 않은 그대로의 수를 (정수 , 유리수)라고 한다.

 [253005-0080]

8 밑줄 친 단어의 쓰임이 알맞으면 ○표, 알맞지 <u>않으면</u> ✕표 해 보자.

(1) $x > 7$에서 x는 7 <u>이상</u>인 수이다. (　　　　)

(2) $2 \times 3 = 3 \times 2$는 두 수의 순서를 바꾸어 계산해도 계산한 결과가 같은 것을 보여 주므로 <u>결합법칙</u>이 성립한다. (　　　　)

2주차 어휘력 테스트

수학 [253005-0081]

9 절댓값에 대한 설명으로 옳은 것은 ○표, 옳지 <u>않은</u> 것은 ✕표 해 보자.

(1) 절댓값은 거리이므로 0 또는 양수이다. (　　　　)

(2) 절댓값이 가장 작은 수는 0이다. (　　　　)

(3) 원점에서 가까울수록 절댓값이 크다. (　　　　)

과학 [253005-0082]

10 문장에 어울리는 단어를 (　) 안에서 골라 ○표 해 보자.

　생물분류체계에서 생물을 분류하는 가장 큰 단계는 (종 , 계)이고, 생물을 분류하는 가장 작은 단계는 (종 , 계)이다.

과학 [253005-0083]

11 단어의 뜻에 알맞게 (　) 안에서 알맞은 말을 골라 ○표 해 보자.

(1) 식물계: 세포 안에 뚜렷한 핵이 (있는 , 없는) 생물로 광합성을 하여 스스로 양분을 만드는 생물 무리.

(2) 원핵생물계: 핵막이 없어 핵의 형태가 (있는 , 없는) 세포로 이루어진 생물 무리.

한자 [253005-0084]

12 빈칸에 알맞은 단어를 글자를 조합해 써 보자.

(1)
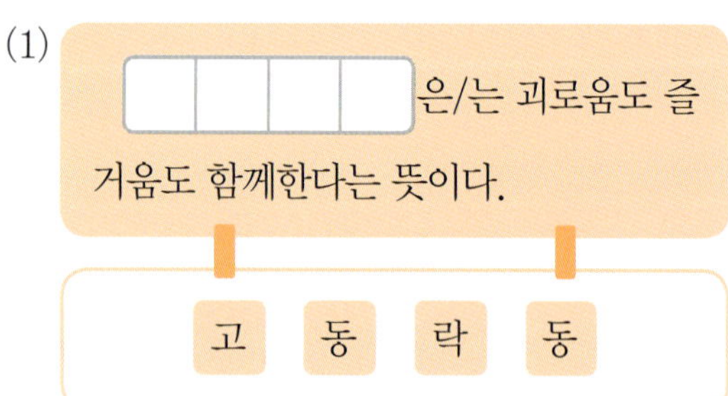

　　　　　은/는 괴로움도 즐거움도 함께한다는 뜻이다.

| 고 | 동 | 락 | 동 |

(2)
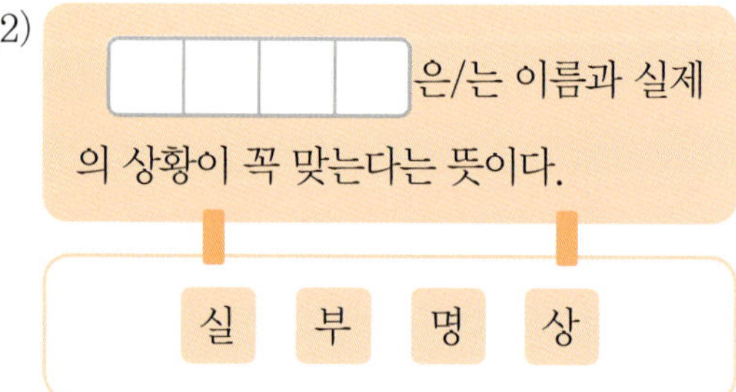

　　　　　은/는 이름과 실제의 상황이 꼭 맞는다는 뜻이다.

| 실 | 부 | 명 | 상 |

영문법 [253005-0085]

13 밑줄 친 단어의 품사가 알맞으면 ○표, 알맞지 <u>않으면</u> ✕표 해 보자.

Jane has brown hair.(제인은 갈색의 머리를 가지고 있다.)

(1) Jane(제인)은 사람의 이름을 나타내는 <u>명사</u>이다. (　　　　)

(2) has(가지고 있다)는 주어의 상태를 나타내는 <u>형용사</u>이다. (　　　　)

(3) brown(갈색의)은 뒤의 hair(머리)를 꾸며 주는 <u>부사</u>이다. (　　　　)

1회 학습 계획일 ◯월 ◯일

국어 교과서 어휘	사회 교과서 어휘
품사	수운
체언	빙하호
명사	혼합 농업
수사	도시 재생
용언	탄소 중립
동사	통합
형용사	지속가능

2회 학습 계획일 ◯월 ◯일

수학 교과서 어휘	과학 교과서 어휘
대입	물질
식의 값	입자
항	온도
다항식	열평형
차수	열화상 사진
일차식	
동류항	

3회 학습 계획일 ◯월 ◯일

국어 교과서 어휘	사회 교과서 어휘
수식언	강수량
관형사	지구대
부사	토속 신앙
관계언	적도
조사	천연자원
독립언	잠재력
감탄사	사막화

4회 학습 계획일 ◯월 ◯일

수학 교과서 어휘	과학 교과서 어휘
등식	전도
좌변	대류
우변	복사
미지수	비열
방정식	열팽창
항등식	
이항	
일차방정식	

5회 학습 계획일 ◯월 ◯일

한자 어휘	영문법 어휘
수구	대명사
송구영신	감탄사
왕복	접속사
복창	전치사
중언부언	

국어 교과서 어휘

✏️ 단어와 그 뜻을 익히고, 빈칸에 알맞은 단어를 써 보자.

품사
성질 品 + 말씀 詞
🖱 '品'의 대표 뜻은 '물건'임.

공통된 성질을 가진 것끼리 묶은 단어의 갈래.

예 우리말 [   ]는 문장에서 형태가 변하는지, 어떤 기능을 하는지, 어떤 의미를 나타내는지에 따라 아홉 가지로 나눌 수 있다.

플러스 개념어 우리말 품사의 분류
우리말 품사는 명사, 대명사, 수사, 동사, 형용사, 관형사, 부사, 조사, 감탄사로 나뉨.

체언
몸 體 + 말씀 言

문장에서 몸의 기능을 하는 단어로, 주어나 목적어 등으로 쓰임.

예 대상의 이름을 나타내는 명사, 대상의 이름을 대신하여 나타내는 대명사, 수량이나 순서를 나타내는 수사를 묶어 [   ]이라고 한다.

명사
이름 名 + 말씀 詞

대상의 이름을 나타내는 말.

예 [   ]는 '나무', '얼굴' 등과 같이 구체적인 사물이나 '행복', '평화' 등과 같이 추상적인 것의 이름을 나타내는 말이다.

플러스 개념어 대명사
사람, 사물, 장소 등의 이름을 대신하여 나타내는 단어.
예 나, 너, 이것, 여기

수사
셈 數 + 말씀 詞

사람이나 사물의 수량이나 순서를 나타내는 단어.

예 [   ]는 '하나', '둘' 등과 같이 개수를 나타내거나 '첫째', '둘째' 등과 같이 순서를 나타내는 말이다.

용언
부릴 用 + 말씀 言
🖱 '用'의 대표 뜻은 '쓰다'임.

문장에서 주로 서술어의 기능을 하는 단어.

예 대상의 움직임을 나타내는 동사와 대상의 상태나 성질을 나타내는 형용사를 묶어 [   ]이라고 한다.

동사
움직일 動 + 말씀 詞

대상의 움직임을 나타내는 단어.

예 [   ]는 '먹다', '달리다', '만들다' 등과 같이 동작을 나타내는 말이다.

형용사
모양 形 + 모양 容 + 말씀 詞
🖱 '容'의 대표 뜻은 '얼굴'임.

대상의 상태나 성질을 나타내는 단어.

예 [   ]는 '맛있다', '쫄깃하다', '작다' 등과 같이 어떤 것의 특징이나 모양을 나타내는 말이다.

플러스 개념어 활용
동사와 형용사가 문장에서 쓰일 때 형태가 변하는 것을 '활용'이라고 함. 예를 들어, 형용사인 '작다'는 문장에서 '작았다', '작았니', '작아서' 등으로 형태가 변할 수 있음.

확인문제

[253005-0086]

1 ( ) 안에 공통으로 들어갈 단어를 써 보자.

- 공통된 성질을 가진 것끼리 묶은 단어의 갈래를 ( )(이)라고 한다.
- ( )은/는 명사, 대명사, 수사, 동사, 형용사, 관형사, 부사, 조사, 감탄사로 나눌 수 있다.

→

[253005-0087]

2 단어의 뜻을 찾아 선으로 이어 보자.

(1) 용언 •   • 문장에서 몸의 기능을 하는 단어.

(2) 체언 •   • 문장에서 주로 서술어로 쓰이는 단어.

(3) 활용 •   • 동사나 형용사가 문장에서 쓰일 때 형태가 변하는 것.

[253005-0088]

3 단어의 뜻을 보기 에서 찾아 사다리를 타고 내려간 곳에 기호를 써 보자.

보기
- ㉠ 대상의 이름을 나타내는 단어.
- ㉡ 대상의 움직임을 나타내는 단어.
- ㉢ 사람이나 사물의 수량, 순서를 나타내는 단어.
- ㉣ 대상의 상태나 성질을 나타내는 단어.

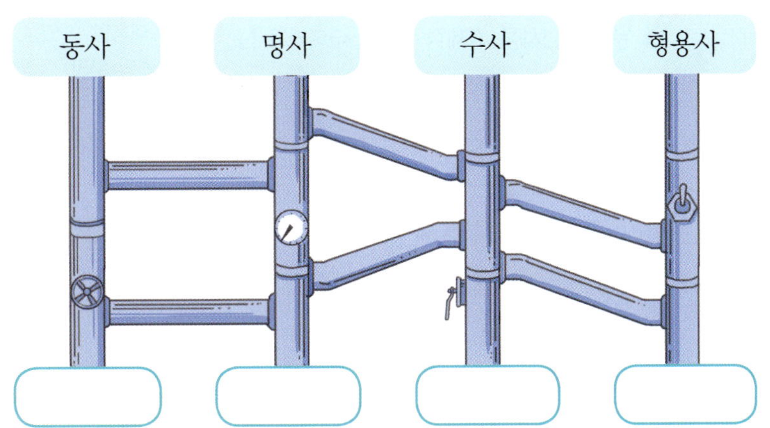

✏️ 단어와 그 뜻을 익히고, 빈칸에 알맞은 단어를 써 보자.

수운
물 水 + 운전할 運

강이나 바다를 이용하여 사람이나 물건을 배로 실어 나르는 일.
예 라인강, 센강은 연중 고른 강수로 인해 하천의 수위가 일정해서 ☐☐이 발달하였다.

빙하호
얼음 氷 + 강물 河 + 호수 湖

빙하에 의하여 생기는 호수를 통틀어 이르는 말.
예 핀란드에는 ☐☐☐가 발달해 있다.

플러스 개념어 **피오르**
빙하에 의해 계곡이 바닷물에 잠기면서 나타나는 좁고 긴 만.

혼합 농업
섞을 混 + 합할 合 + 농사 農 + 업 業

작물의 재배와 가축의 사육을 함께 하는 농업.
예 유럽은 밀, 호밀 등의 식량 작물과 귀리, 옥수수 등의 사료 작물을 재배하면서 소나 돼지 등의 가축을 함께 기르는 ☐☐ ☐☐이 발달하였다.

플러스 개념어 **낙농업과 원예 농업**
• 낙농업: 젖소나 염소 따위를 길러 젖을 짜거나, 그 젖을 가공하여 유제품을 만드는 산업.
• 원예 농업: 화초, 과수, 채소, 정원수 따위를 주로 재배하는 농업.

도시 재생
도읍 都 + 저자 市 + 다시 한번 再 + 날 生
🖱 '再'의 대표 뜻은 '두(둘)'임.

도시 인구의 증가나 산업 기술의 발달로 이미 만들어진 도시 환경을 계획적으로 개선하는 사업.
예 유럽의 도시는 산업 쇠퇴, 지역 경제 침체 등의 문제를 해결하기 위해 ☐☐ ☐☐을 진행하고 있다.

탄소 중립
숯 炭 + 흴 素 + 가운데 中 + 설 立

이산화 탄소를 배출한 만큼 다시 흡수해 실질적인 이산화 탄소 배출량을 '0'으로 만드는 일. (안에서 밖으로 밀어 내보냄.)
예 유럽의 많은 도시는 ☐☐ ☐☐을 실천하고자 녹지 공간 확보에도 힘쓰고 있다.

통합
거느릴 統 + 합할 合

둘 이상의 조직이나 기구 따위를 하나로 합침.
예 유럽은 정치적, 경제적 위기를 극복하고 전쟁을 막고자 유럽 각국의 결속과 ☐☐에 뜻을 모았다.

플러스 개념어 **유럽의 통합과 분리·독립**
• 유럽의 통합: 1993년 유럽 연합(EU)이 설립되었으며, 회원국들은 여러 분야에서 협력하고 위기에 함께 대응할 수 있음.
• 유럽의 분리·독립: 문화적·경제적 차이로 에스파냐의 카탈루냐가 독립을 요구하는 등의 분리·독립 움직임이 있음.

지속가능
유지할 持 + 이을 續 + 허락할 可 + 능히 할 수 있을 能
🖱 '持'의 대표 뜻은 '가지다', '可'의 대표 뜻은 '옳다', '能'의 대표 뜻은 '능하다'임.

미래 세대를 위해 현재 세대가 필요로 하는 자원을 낭비하지 않도록 서로 조화와 균형을 이루는 것.
예 바이오 에탄올은 차량용 화석 연료를 대체할 수 있는 ☐☐☐☐한 대체 에너지라는 점에서 주목받고 있다.

확인문제

3주차
1회
2회
3회
4회
5회

[253005-0089]

1 뜻에 알맞은 단어를 찾아 선으로 이어 보자.

(1) 빙하에 의하여 생기는 호수를 통틀어 이르는 말.

(2) 빙하에 의해 계곡이 바닷물에 잠기면서 나타나는 좁고 긴 만.

(3) 강이나 바다를 이용하여 사람이나 물건을 배로 실어 나르는 일.

· 수운
· 빙하호
· 피오르

[253005-0090]

2 ( ) 안에 들어갈 알맞은 단어를 보기 에서 찾아 써 보자.

보기
재생 탄소 지속

(1) 

(2) 

(3) 

[253005-0091]

3 뜻에 알맞은 단어가 되도록 보기 의 글자를 조합해 써 보자.

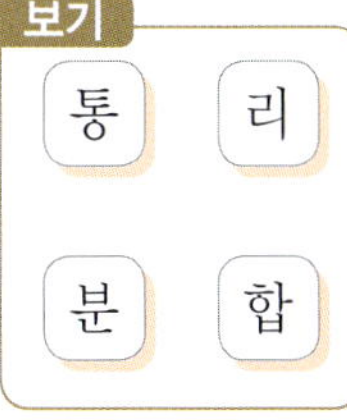

보기

(1) 유럽연합은 유럽 내 경제적 ☐☐ 을/를 추구하며 단일 통화인 유로를 사용하기로 하였다.

(2) 유럽 내에서 영국이 유럽연합에서 탈퇴하는 등의 ☐☐·독립 움직임이 일어나고 있다.

✏️ 단어와 그 뜻을 익히고, 빈칸에 알맞은 단어를 써 보자.

대입
대신할 代 + 들 入

문자를 사용한 식에서 **문자 대신 수를 넣는 것**.

예 $3x+1$에서 x 대신에 2를 [　　] 하면 $3 \times 2 + 1 = 7$ 이다. 문자에 수를 대입할 때는 생략된 곱셈, 나눗셈 기호를 쓰고, 음수를 대입할 때는 괄호를 사용한다.

$$x에 14를 대입$$
$$7 + \frac{10}{7}x = 7 + \frac{10}{7} \times 14$$
$$= 27$$

식의 값
법 式 + 의 + 값

문자를 사용한 식에서 **문자에 수를 대입하여 얻은 값**.

예 식 $2x-1$의 x에 3을 대입하여 얻은 값 $2 \times 3 - 1 = 5$가 [　　] 이다.

항
항목 項

식을 구성하는 기본적인 요소로, **수 또는 문자의 곱으로만 이루어진 식**.

계수
x의 계수　　y의 계수　　상수항
$$\underset{항}{⑤x + (\,-3y\,) + 2}$$

예 식 $2x-1$은 $2x+(-1)$이므로 $2x$, -1은 각각 주어진 식의 [　] 이다.

> **플러스 개념어** 상수항과 계수
> • 상수항: 문자 없이 수로만 이루어진 항.
> • 계수: $2x$와 같이 수와 문자의 곱으로 이루어진 항에서 문자 앞에 곱해진 수 2가 x의 계수임.

다항식
많을 多 + 항목 項 + 법 式

1개 또는 2개 이상의 항의 합으로 이루어진 식.

예 $2x+3y-1$은 3개 항의 합으로 이루어진 식으로 [　　] 이다.

> **플러스 개념어** 단항식
> 다항식 중에서 한 개의 항으로 이루어진 식.
> 예 $a+b$는 다항식, $a \times b$는 단항식이면서 다항식임.

차수
횟수 次 + 셈 數
👆 '次'의 대표 뜻은 '버금(으뜸의 바로 아래)'임.

항에 포함되어 있는 어떤 **문자가 곱해진 개수**.

예 $-2x^2$은 $-2 \times x \times x$로, 문자 x가 두 번 곱해져 있어 [　　] 는 2이다.

> **플러스 개념어** 다항식의 차수
> 다항식에서는 각 항의 차수 중에서 가장 높은 것이 그 다항식의 차수임.

일차식
하나 一 + 횟수 次 + 법 式

차수가 1인 다항식.

예 $7x-1$에서 $7x$의 차수는 1이므로 다항식 $7x-1$은 [　　] 이다.

동류항
같을 同 + 무리 類 + 항목 項
👆 '同'의 대표 뜻은 '한가지'임.

종류가 같은 항으로, **문자와 차수가 각각 같은 항**.

예 다항식 $-2x+3+5x-1$에서 $-2x$와 $5x$, 3과 -1은 [　　] 이다.

확인문제

[253005-0092]

1 뜻에 알맞은 단어를 빈칸에 써 보자.

(1) 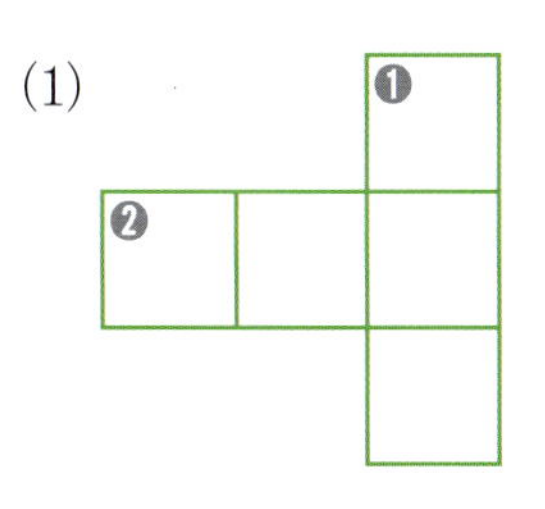

| 가로 열쇠 | ❷ 수로만 이루어진 항. |
| 세로 열쇠 | ❶ 한 개의 항으로 이루어진 식. |

(2) 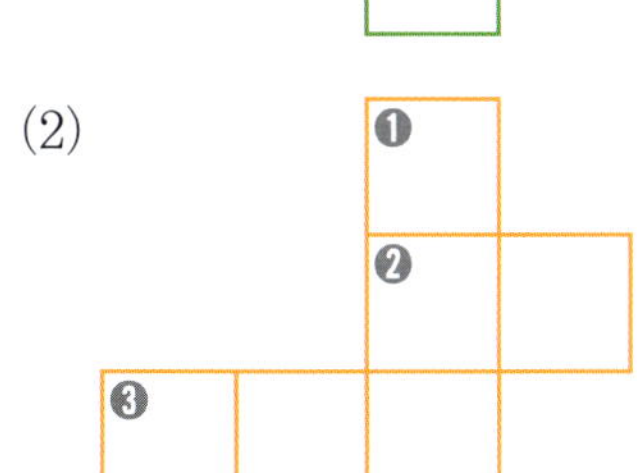

가로 열쇠	❷ 항에 포함되어 있는 어떤 문자가 곱해진 개수.
	❸ 1개 또는 2개 이상의 항의 합으로 이루어진 식.
세로 열쇠	❶ 차수가 1인 다항식.

[253005-0093]

2 ( ) 안에 들어갈 알맞은 단어를 보기 에서 찾아 써 보자.

보기

| 다항식 | 계수 | 대입 | 식의 값 | 항 |

(1) 식 $3x-2$에서 x의 ( )은/는 3이다.

(2) 2개 항의 합으로 이루어진 식 $-x+5y$는 ( )이다.

(3) 식 $3+2x-y$에서 3, $2x$, $-y$는 식 $3+2x-y$의 ( )이다.

(4) 문자를 사용한 식에서 문자 대신 수를 넣는 것을 ( )(이)라고 한다.

(5) 식 $-2x+6$에 $x=1$을 대입하여 얻은 ( )은/는 $-2 \times 1 + 6 = 4$이다.

[253005-0094]

3 보기 에 대한 설명이 알맞으면 ○표, 알맞지 <u>않으면</u> ×표 해 보자.

보기

$$-4x+2y-7$$

(1) <u>항</u>은 3개이다. ( ) (2) <u>상수항</u>은 7이다. ( )

(3) y의 <u>계수</u>는 2이다. ( ) (4) $-4x$와 $2y$는 <u>동류항</u>이다. ( )

단어와 그 뜻을 익히고, 빈칸에 알맞은 단어를 써 보자.

물질
물건 物 + 바탕 質

물체의 본바탕이라는 뜻으로, 공간의 일부를 차지하고 질량을 갖는 물체를 이루고 있는 존재.

예 연필, 유리컵, 가방 등과 같은 물체를 이루는 나무, 유리, 가죽 등을 □□ 이라고 한다.

입자
낱알 笠 + 아들 子

아주 작아서 거의 눈에 보이지 않을 정도의 작은 물체라는 뜻으로, 물질을 이루는 아주 작은 크기의 물체.

예 물을 가열하면 물의 □□ 들의 움직임이 활발해진다.

온도
따뜻할 溫 + 정도 度

물체의 차고 뜨거운 정도를 숫자로 나타낸 것으로, 물질을 구성하는 입자의 운동이 활발한 정도를 나타냄.

예 □□ 가 높을수록 물질을 구성하는 입자의 움직임이 활발하고 온도가 낮을수록 입자의 움직임이 둔하다.

플러스 개념어 온도계
물체의 온도를 재는 장치.
예 날이 너무 더운 것 같아 온도계를 보니 섭씨 34도를 가리키고 있었다.

열평형
더울 熱 + 평평할 平 + 저울대 衡

온도가 다른 두 물체 사이에서 열이 이동하여 두 물체의 온도가 같아진 상태.

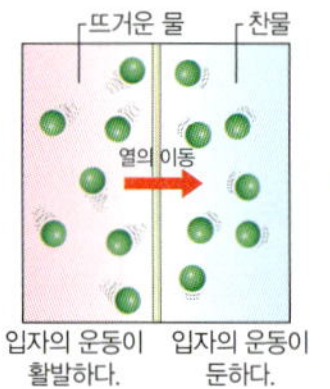
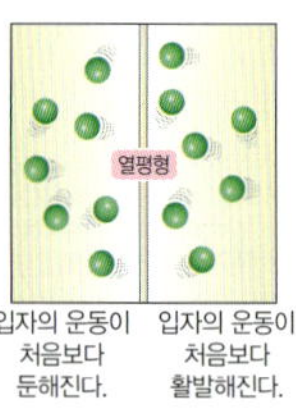

예 뜨거운 물과 차가운 물을 섞으면 열이 이동하여 □□□ 을 이뤄 미지근한 물이 된다.

플러스 개념어 열과 에너지
• 열: 온도가 서로 다른 두 물체가 접촉해 있을 때 온도가 높은 물체에서 낮은 물체도 이동하는 에너지.
• 에너지: 물체가 가지고 있는 일을 하는 능력을 통틀어 이르는 말.

열화상 사진
더울 熱 + 그림 畵 + 모양 像 + 베낄 寫 + 참 眞

온도를 색깔로 나타내어 물체의 온도를 한눈에 볼 수 있게 한 사진.

예 뉴스에서 열대야가 얼마나 심한지 도심의 □□□ □□ 으로 보여 주고 있다.

개념어 보충 열화상 사진
열화상 사진에서 오른쪽 색으로 갈수록 온도가 높고, 왼쪽 색으로 갈수록 온도가 낮은 것을 나타낸다.

확인문제

[253005-0095]

1 뜻에 알맞은 단어를 찾아 선으로 이어 보자.

(1) 물체의 본바탕이라는 뜻으로, 공간의 일부를 차지하고 질량을 갖는 물체를 이루고 있는 존재. · · 입자

(2) 아주 작아서 거의 눈에 보이지 않을 정도의 작은 물체라는 뜻으로, 물질을 이루는 아주 작은 크기의 물체. · · 물질

(3) 물체의 차고 뜨거운 정도를 숫자로 나타낸 것으로, 물질을 구성하는 입자의 운동이 활발한 정도를 나타냄. · · 온도

(4) 온도가 다른 두 물체 사이에서 열이 이동하여 두 물체의 온도가 같아진 상태. · · 열평형

[253005-0096]

2 빈칸에 들어갈 알맞은 글자를 보기에서 찾아 써 보자.

보기 열 입 지 온 도 에 상

(1) 도심의 열대야 정도를 [ ]화상 사진으로 확인할 수 있다.

(2) 물질을 구성하는 입자의 움직임이 둔할수록 [ ]도가 낮다.

(3) 온도가 높을수록 [ ]자의 움직임이 활발하다.

(4) 물체가 가지고 있는 일을 하는 능력을 통틀어 [ ]너지라고 한다.

[253005-0097]

3 뜻에 알맞은 단어를 보기에서 찾아 ( ) 안에 써 보자.

보기 온도 열량계 온도계 열평형

(1) 뜨거운 물에 찬물을 섞어 미지근한 물을 만드는 것은 ( )이다.

(2) 물체의 온도를 재는 장치는 ( )이다.

✏️ 단어와 그 뜻을 익히고, 빈칸에 알맞은 단어를 써 보자.

수식언
꾸밀 修 + 꾸밀 飾 + 말씀 言
☞ '修'의 대표 뜻은 '닦다'임.

문장에서 다른 말을 꾸며 주는 기능을 하는 단어.
예 체언을 꾸며 주는 관형사와 용언을 꾸며 주는 부사를 묶어 [   ]이라고 한다.

관형사
갓 冠 + 모양 形 + 말씀 詞

명사, 대명사, 수사를 꾸며 주는 단어.
예 [   ]는 명사, 대명사, 수사와 떨어져서 혼자서는 쓰일 수 없다.

부사
도울 副 + 말씀 詞
☞ '副'의 대표 뜻은 '버금(으뜸의 바로 아래)'임.

주로 동사, 형용사를 꾸며 주는 단어.
예 [   ]는 문장에서 쓰일 때 형태가 변하지 않는다.

부사는 용언이나 다른 부사, 관형사, 문장 전체 등을 꾸며 주는 단어야.

관계언
관계할 關 + 맬 係 + 말씀 言

문장에 쓰인 단어들의 관계를 나타내는 기능을 하는 단어.
예 체언 뒤에 붙어서 단어들 사이의 관계를 나타내거나 특별한 뜻을 더해 주는 조사를 [   ]이라고 한다.

조사
도울 助 + 말씀 詞

다른 말 뒤에 붙어서 단어들 사이의 문법적 관계를 나타내거나 특별한 뜻을 더해 주는 단어.
예 [   ]는 홀로 쓰이지 못하고 주로 체언 뒤에 붙어서 쓰인다.

조사는 문장에서 쓰일 때 형태가 변하지 않지만, 서술어 역할을 하는 '이다'는 형태가 변해.

독립언
홀로 獨 + 설 立 + 말씀 言

문장에서 다른 단어와 관계를 맺지 않고 독립적으로 쓰이는 단어.
예 느낌, 부름, 대답을 나타내는 감탄사를 [   ]이라고 한다.

감탄사
느낄 感 + 탄식할 歎 + 말씀 詞

말하는 이의 느낌이나 부름, 대답 등을 나타내는 단어.
예 이곳의 경치는 [   ]가 절로 나올 만큼 아름답다.

[253005-0098]
1 단어의 뜻을 찾아 선으로 이어 보자.

(1) 관계언 •

• 문장에 쓰인 단어들의 관계를 나타내는 기능을 하는 단어.

(2) 독립언 •

• 문장에서 다른 말을 꾸며 주는 기능을 하는 단어.

(3) 수식언 •

• 문장에서 다른 단어와 관계를 맺지 않고 독립적으로 쓰이는 단어.

[253005-0099]
2 다음 대화에서 ( ) 안에 들어갈 단어로 알맞은 것은? ( )

> 하준: "꽃밭에 꽃이가 피었습니다."라는 문장에서 잘못된 부분을 찾아보자.
> 주원: '꽃이가'에서 '이가'가 적절하지 않아. 단어들 사이의 문법적 관계를 나타내는 단어를 수정해야 돼.
> 하준: 아! ( )을/를 수정하라는 말이구나.

① 조사 ② 부사 ③ 관형사 ④ 감탄사 ⑤ 형용사

[253005-0100]
3 밑줄 친 단어가 알맞으면 ○표, 알맞지 <u>않으면</u> ✕표 해 보자.

(1) 주로 용언을 꾸며 주는 단어를 <u>부사</u>라고 한다. ( )

(2) 체언을 꾸며 주는 단어를 <u>감탄사</u>라고 한다. ( )

[253005-0101]
4 밑줄 친 단어의 품사에 ○표 해 보자.

(1)
> • <u>새</u> 신발이 정말 마음에 들어.
> • <u>모든</u> 사람이 행복하기를 바라.

(부사 , 관형사 , 감탄사)

(2)
> • <u>네</u>, 알겠습니다.
> • <u>오</u>! 이 영화 정말 재미있네.

(조사 , 관형사 , 감탄사)

사회 교과서 어휘

✏️ 단어와 그 뜻을 익히고, 빈칸에 알맞은 단어를 써 보자.

강수량
내릴 降 + 물 水 + 헤아릴 量

일정한 기간에 일정한 곳에 **비나 눈의 형태로 떨어지는 물의 총량**.

예 건조 기후 지역은 연 [   ]보다 연 증발량이 더 많다.

플러스 개념어 증발량
일정한 시간 안에 물의 표면에서 수증기가 증발하는 양.

지구대
땅 地 + 도랑 溝 + 띠 帶

양쪽에서 잡아당기는 힘이 발생하여 형성된, **좁고 긴 골짜기로 띠를 이루는 공간**.

예 아프리카 동부에는 땅덩어리가 갈라지며 생긴 동아프리카 [   ]가 길게 위치한다.

플러스 개념어 동아프리카 지구대
지각 운동으로 형성된 거대한 골짜기이다. 지각이 갈라지며 화산이 분출하기도 하고, 갈라진 낮은 곳에 물이 고여 긴 호수가 형성되기도 한다.

토속 신앙
흙 土 + 풍속 俗 + 믿을 信 + 우러를 仰

그 지방의 고유한 붙박이 신앙.

예 아프리카에는 이슬람교, 크리스트교 등이 [   ]과 결합하여 다양한 종교적 특색이 나타난다.

적도
붉을 赤 + 길 道

위도 0도의 선으로, **지구의 남북 양극으로부터 같은 거리에 있는 지구 표면에서의 점을 이은 선**.
지구 위의 위치를 나타내기 위해 적도를 중심으로 북쪽과 남쪽으로 가로로 그은 선.

예 아프리카는 [   ]를 중심으로 열대 기후, 건조 기후, 온대 기후 등이 분포한다.

천연자원
하늘 天 + 그럴 然 + 재물 資 + 근원 源

자연 그대로 존재하여 인간 생활이나 생산 활동에 이용할 수 있는 물자나 에너지 등을 통틀어 이르는 말.

예 아프리카의 풍부한 [   ]은 경제 발전에 밑거름이 되었다.

플러스 개념어 지하자원
사람의 생활에 도움이 될 만한, 땅속에 자연적으로 주어진 광물, 기름 등.

잠재력
잠길 潛 + 있을 在 + 힘 力
👆 '潛'의 대표 뜻은 '자맥질하다'임.

겉으로 드러나지 않고 속에 숨어 있는 힘.

예 아프리카는 다양한 문화와 지역 [   ]을 가진 대륙이다.

사막화
모래 沙 + 사막 漠 + 될 化

기후 변화나 산림 파괴 등으로 인해 **식물이 자라지 못하는 거칠고 메마른 땅으로 변해 가는 현상**.

예 사막 주변의 초원이 메말라 가고 [   ]되면서 주변에 사는 주민들이 식수와 식량을 구하는 데 어려움을 겪고 있다.

[253005-0102]

1 단어의 뜻을 보기 에서 찾아 사다리를 타고 내려간 곳에 기호를 써 보자.

보기

㉠ 겉으로 드러나지 않고 속에 숨어 있는 힘.

㉡ 양쪽에서 잡아당기는 힘이 발생하여 형성된, 좁고 긴 골짜기로 띠를 이루는 공간.

㉢ 기후 변화나 산림 파괴로 인해 식물이 자라지 못하는 거칠고 메마른 땅으로 변해 가는 현상.

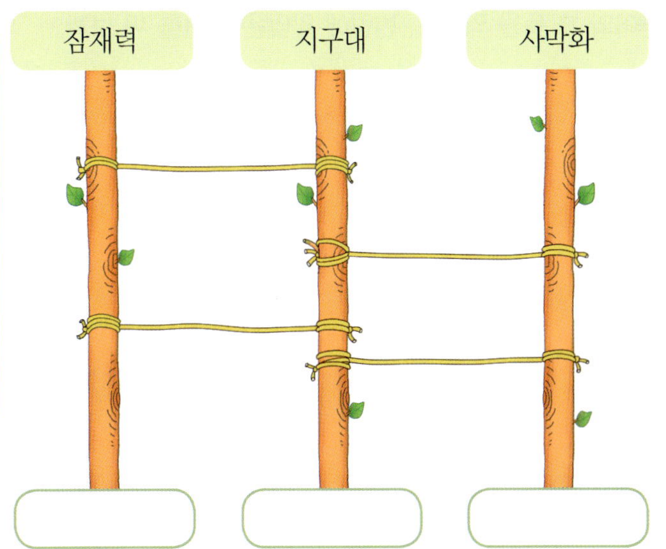

[253005-0103]

2 빈칸에 들어갈 알맞은 단어를 찾아 선으로 이어 보자.

(1) ☐ : 일정한 시간 안에 물의 표면에서 수증기가 증발하는 양.

· 강수량

(2) ☐ : 일정한 기간에 일정한 곳에 비나 눈의 형태로 떨어지는 물의 총량.

· 증발량

[253005-0104]

3 ( ) 안에 들어갈 알맞은 단어를 보기 에서 찾아 써 보자.

보기

적도　　　　토속 신앙　　　　천연자원

(1) 열대 기후는 ( ) 주변에 주로 분포하며 일 년 내내 무덥고 물기가 많아 축축하다.

(2) 아시아 다음으로 대륙 면적이 넓은 아프리카는 석유, 석탄 등의 ( )이/가 풍부하다.

(3) 아프리카는 부족을 중심으로 언어와 ( )이/가 발달하였고 이후 주변 지역을 통해 크리스트교와 이슬람교가 들어왔다.

✏️ 단어와 그 뜻을 익히고, 빈칸에 알맞은 단어를 써 보자.

등식
같을 等 + 법 式

등호 '='를 사용하여 두 수나 식이 서로 같다는 것을 나타낸 식.

예 ⬚ 은 $6+5=11$, $2x-3=5$와 같이 등호를 사용하여 나타낸 식이다.

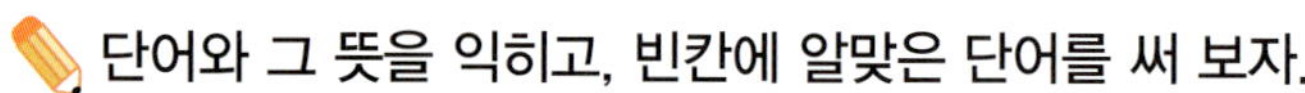

좌변 / 우변
왼쪽 左 + 측면 邊 /
오른쪽 右 + 측면 邊
🖱 '邊'의 대표 뜻은 '가(가장자리)'임.

등식이나 부등식에서 등호 또는 부등호의 왼쪽 부분을 좌변, 오른쪽 부분을 우변이라고 함.
↳ 두 수 또는 두 식의 관계를 등호가 아닌 부등호로 나타낸 식.

예 $2x+3=2$에서 등호의 왼쪽 부분인 ⬚ 은 $2x+3$이고 오른쪽 부분인 ⬚ 은 2이다.

미지수
아닐 未 + 알 知 + 셈 數

방정식에 있는 문자(x, y, z 등)로, 그 값을 알 수 없어 구해야 하는 수.

예 $x+1=2$에서 아직 값을 모르는 x를 ⬚ 라고 한다.

방정식
비교할 方 + 가능할 程 + 법 式
🖱 '方'의 대표 뜻은 '모(귀퉁이)',
'程'의 대표 뜻은 '한도'임.

미지수의 값에 따라 참이 되기도 하고 거짓이 되기도 하는 등식.

예 등식 $3x-1=5$에서 $x=2$일 때, $3\times2-1=5$(참)이고, $x=1$일 때, $3\times1-1=2\neq5$(거짓)이므로 등식 $3x-1=5$는 x에 대한 ⬚ 이다.

> **플러스 개념어** 해 또는 근
> 방정식이 참이 되게 하는 미지수의 값.

항등식
항상 恒 + 같을 等 + 법 式

미지수에 어떤 값을 대입하여도 항상 참이 되는 등식.

예 $5x+x=6x$와 같이 미지수 x에 어떤 값을 대입하여도 항상 참이 되는 등식을 ⬚ 이라고 한다.
• 방정식에 사용된 x 등의 문자를 미지수라고 함.
• 좌변과 우변을 각각 정리하여 (좌변)=(우변)이면 항등식임.

이항
옮길 移 + 항목 項

등식의 한 변에 있는 항을 부호를 바꾸어 다른 변으로 옮기는 것.

예 $x-3=2$의 좌변에 있던 -3을 부호를 바꾸어 우변으로 옮겨 ⬚ 하면 $x=2+3$이다.

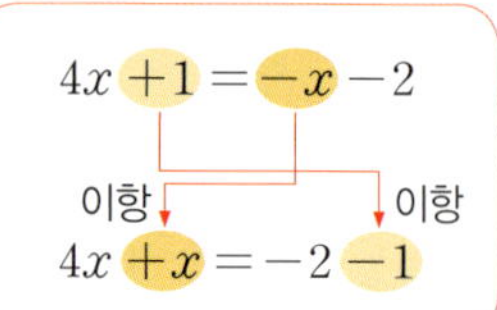

일차방정식
하나 一 + 횟수 次 +
비교할 方 + 가능할 程 + 법 式

미지수의 가장 높은 차수가 일차로 된 방정식으로, (x에 대한 일차식)$=0$의 꼴로 나타낼 수 있는 방정식.

예 $2x-1=x-3$에서 우변에 있는 항 x와 -3을 모두 좌변으로 이항하여 $2x-x-1+3=0$, $x+2=0$의 꼴로 나타낸 방정식을 ⬚ 이라고 한다.

확인문제

[253005-0105]

1 단어의 뜻을 보기에서 찾아 사다리를 타고 내려간 곳에 기호를 써 보자.

> **보기**
> ㉠ (x에 대한 일차식)$=0$의 꼴로 나타낼 수 있는 방정식.
> ㉡ 값이 정해지지 않았거나 값을 알 수 없어 구해야 하는 수.
> ㉢ 등호 '$=$'를 사용하여 두 수나 식이 서로 같다는 것을 나타낸 식.
> ㉣ 미지수의 값에 따라 참이 되기도 하고 거짓이 되기도 하는 등식.
> ㉤ 등식의 한 변에 있는 항을 부호를 바꾸어 다른 변으로 옮기는 것.

3 주차 / 1회 / 2회 / 3회 / 4회 / 5회

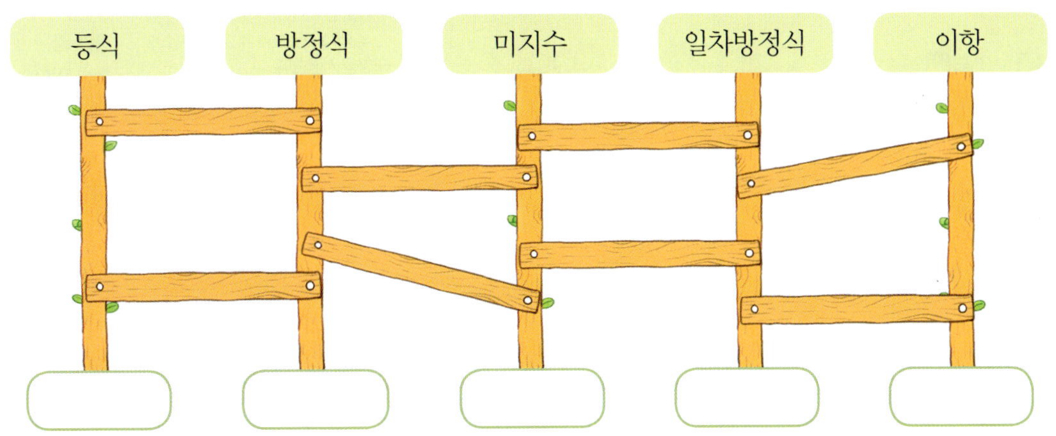

[253005-0106]

2 ( ) 안에 들어갈 알맞은 단어를 보기에서 찾아 써 보자.

> **보기**
> 좌변　　우변　　항등식　　이항

(1) 등식 $3x-2x=x$는 ( )이다.

(2) 등식 $3+2x=5$에서 3을 ( )하면 $2x=5-3$이다.

(3) 등식 $4x-2=x+1$에서 ( )은 $4x-2$이고, ( )은 $x+1$이다.

[253005-0107]

3 등식인 것에는 ◯표, 등식이 아닌 것에는 ✕표 해 보자.

(1) $3+4=7$ ( )　　　　(2) $3x-4$ ( )

(3) $3x-5>2x+1$ ( )　　　　(4) $-x+2=5$ ( )

📝 단어와 그 뜻을 익히고, 빈칸에 알맞은 단어를 써 보자.

전도
전할 傳 + 이끌 導

온도가 높은 곳에서 낮은 곳으로 열이 차례대로 이동하는 현상으로, 물체를 구성하는 입자의 움직임이 이웃한 입자에 차례로 전달되어 열이 이동하는 방식.

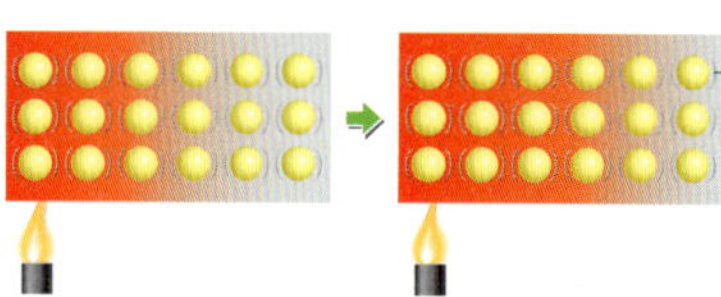

예 열이 [ ]되는 정도는 물체를 이루는 물질의 종류에 따라 다르다.

플러스 개념어 **단열**
열의 이동을 막는 것.
예 얇은 옷이라도 여러 겹 입으면 열의 전도를 막아 단열 효과가 좋다.

대류
대할 對 + 흐를 流
👉 '對'의 대표 뜻은 '대답하다'임.

액체나 기체 물질을 구성하는 입자가 직접 이동하면서 열이 이동하는 방식.

예 에어컨을 켜면 방 안 전체가 시원해지는 것은 [ ]에 의해 공기 입자가 이동하면서 열을 전달하기 때문이다.

복사
바큇살 輻 + 쏠 射

열이 물질의 도움 없이 직접 이동하는 방식.

예 난로 가까이에 있으면 따뜻함을 느끼는 것은 [ ]에 의해 난로에서 열이 직접 이동하여 열을 전달하기 때문이다.

비열
견줄 比 + 더울 熱

물질 1 kg의 온도를 1℃ 높이는 데 드는 열량, 비열이 클수록 온도가 잘 변하지 않음. 많은 열량이 필요하기 때문임.

예 물은 다른 물질보다 [ ]이 커서 같은 열량을 가해도 온도가 잘 변하지 않는다.

플러스 개념어 **열량**
온도가 다른 물체 사이에서 이동하는 열의 양.

열팽창
더울 熱 + 부풀 膨 + 배 부를 脹

물질의 온도가 높아질 때 부피가 커지는 현상.

예 공기를 약간 넣은 풍선을 가열하면 풍선이 팽팽하게 부풀어 오르는 것은 [ ]에 의해 기체가 팽창하기 때문이다.

플러스 개념어 **팽창**
부풀어서 부피가 커짐.

확인문제

[253005-0108]

1 단어의 뜻에 알맞은 것을 보기 에서 찾아 사다리를 타고 내려간 곳에 기호를 써 보자.

보기
- ㉠ 입자의 움직임이 이웃한 입자에 차례로 전달되어 열이 이동하는 방식.
- ㉡ 액체나 기체 물질을 구성하는 입자가 직접 이동하면서 열이 이동하는 방식.
- ㉢ 열이 물질을 거치지 않고 직접 이동하는 방식.

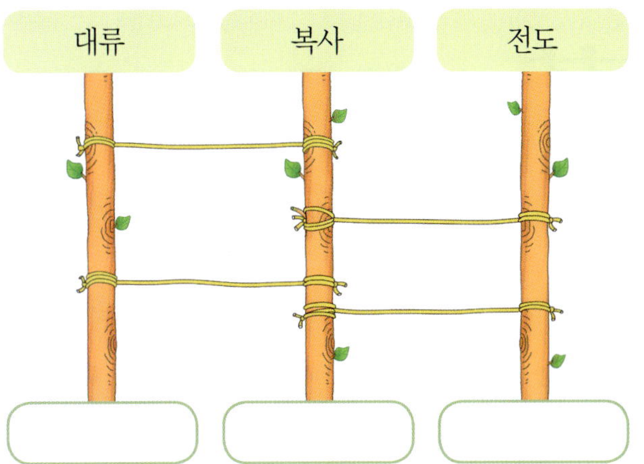

[253005-0109]

2 그림이 설명하는 것에 알맞은 단어를 보기 에서 찾아 빈칸에 써 보자.

보기
전도   대류   복사   비열

(1) 그림이 설명하고 있는 것은 열의 [　　] 이다.

(2) 그림이 설명하고 있는 것은 열의 [　　] 이다.

[253005-0110]

3 (　　) 안에 들어갈 알맞은 단어를 보기 에서 찾아 써 보자.

보기
복사   비열   대류   확산   열팽창

(1) 난로 가까이에 있으면 따뜻함을 느끼는 것은 난로에서 열이 직접 이동하여 열을 전달하는 열의 (　　　　) 때문이다.

(2) 공기가 들어 있는 풍선을 가열하면 풍선이 팽팽하게 부풀어 오르는 것은 기체가 팽창하는 (　　　　) 때문이다.

(3) 물질 1 kg의 온도를 1 ℃ 올리는 데 드는 열량을 이르는 말은 (　　　　)이다.

한자 어휘

舊
뜻 옛 음 구

구(舊)는 주로 '옛'이라는 뜻으로 쓰여. '옛'이란 '지나간 때의'라는 뜻이야. 구(舊)가 '묵다'라는 뜻으로 쓰일 때도 있어.

復
뜻 돌아올 음 복

복(復)은 '돌아오다'를 뜻할 때는 '복'으로 읽고, '다시'를 뜻할 때는 '부'로 읽어. 복(復)으로 쓰일 때는 '되풀이하다'라는 뜻도 가지고 있어.

✏️ 단어와 그 뜻을 익히고, 빈칸에 알맞은 단어를 써 보자.

수구
지킬 守 + 옛 舊

옛 풍습이나 제도를 그대로 지키고 따름.
예 제도를 새롭게 바꾸려는 진보 세력과 제도를 유지하려는 ⬚⬚ 세력 사이의 힘겨루기가 시작되었다.

송구영신
보낼 送 + 묵을 舊 + 맞을 迎 + 새 新

묵은해를 보내고 새해를 맞이함.
예 설날에 연을 하늘로 날려 보내는 것에는 ⬚⬚⬚⬚ 의 의미가 담겨 있다.

← 구(舊)가 '묵다'라는 뜻으로 쓰였음. '묵다'는 오래된 것을 뜻함.

왕복
갈 往 + 돌아올 復

갔다가 돌아옴.
예 지방에 출장을 갔다가 일이 끝나면 바로 돌아와야 하니까 ⬚⬚ 차표를 끊는 게 좋겠다.

반의어 편도(조각 片 + 길 道)
가고 오는 길에서 어느 한쪽. 또는 그 길.
예 명절에 왕복 승차권을 구할 수 없어서 우선 편도 승차권만 끊었다.

복창
되풀이할 復 + 부를 唱

다른 사람이 한 말을 그대로 받아서 되풀이함.
예 우리는 응원단장을 따라 큰 소리로 응원 구호를 ⬚⬚ 했다.

← 복(復)이 '되풀이하다'라는 뜻으로 쓰였음.

중언부언
거듭할 重 + 말씀 言 + 다시 復 + 말씀 言
👆 '重'의 대표 뜻은 '무겁다'임.

이미 한 말을 계속 되풀이함.
예 그는 한마디면 될 말을 ⬚⬚⬚⬚ 늘어놓았다.

← 부(復)가 '다시'라는 뜻으로 쓰였음.

[253005-0111]

1 뜻에 알맞은 단어를 찾아 선으로 이어 보자.

(1) 갔다가 돌아옴. •

(2) 이미 한 말을 계속 되풀이함. •

(3) 묵은해를 보내고 새해를 맞이함. •

(4) 옛 풍습이나 제도를 그대로 지키고 따름. •

(5) 다른 사람이 한 말을 그대로 받아서 되풀이함. •

• 수구

• 복창

• 왕복

• 송구영신

• 중언부언

[253005-0112]

2 밑줄 친 단어의 쓰임이 알맞으면 ○표, 알맞지 <u>않으면</u> ✕표 해 보자.

(1) 학생들이 선생님을 따라 큰 소리로 안전 수칙을 <u>복창</u>했다. (   )

(2) 그는 <u>수구</u> 세력에 속해 있어서 급진적 사회 개혁에 찬성한다. (   )

(3) 내가 산 것은 <u>왕복</u> 비행기표가 아니어서 일본에서 한국으로 돌아올 때는 일본에서 표를 사야 한다.

(   )

[253005-0113]

3 대화를 읽고, 빈칸에 알맞은 단어를 초성을 바탕으로 완성해 보자.

(1)

진아: 시간 참 빠르다. 새해 카드를 받으니 올해가 다 지나간 게 실감 나네.

경태: 그러게. 카드에 적힌 | ㅅ | ㄱ | ㅇ | ㅅ | 이라는 말처럼 올해를 잘 마무리하고 새해를 맞이해야겠어.

(2)

우현: 주인공이 살아난 거야. 주인공이 죽기 전에 알약을 먹었는데 그 약이 주인공을 살린 거야. 죽기 전에 먹은 알약 때문에 다시 살아난 거지.

민범: 그래서 어떻게 됐는데? 계속 같은 말만 | ㅈ | ㅇ | ㅂ | ㅇ | 하지 말고 그다음에 어떻게 된 건지 알려 줘.

영어의 단어는 명사, 동사, 형용사, 부사, 대명사, 감탄사, 접속사, 전치사 등 8개의 품사로 분류해. 품사(word class)는 공통된 성질을 가진 단어끼리 모은 단어의 갈래를 말해. 8품사 중 대명사(pronoun), 감탄사(interjection), 접속사(conjunction), 전치사(preposition)가 무엇인지 그 뜻과 예를 공부해 보자.

✏️ **단어와 그 뜻을 익히고, 빈칸에 알맞은 단어를 써 보자.**

Pronoun
대명사
대신할 代 + 이름 名 + 말 詞

앞에 나온 명사가 다시 나올 때, 그 명사를 대신해서 쓰는 말.
- Tom is a famous soccer player. **He** is my brother.
  앞의 a famous soccer player를 대신하는 대명사
  (Tom은 유명한 축구 선수다. 그는 내 동생이다.)

예 "Look at the birds in the sky. They are sparrows.(하늘의 저 새들을 봐. 그것들은 참새들이야.)"에서 They(그것들)는 앞의 the birds(새들)를 대신해서 쓴 　　　　이다.

> **플러스 개념어** 인칭대명사, 지시대명사
> - 인칭대명사: 사람을 가리키는 대명사로 I(나), you(너), he(그), she(그녀) 등이 있음.
> - 지시대명사: 사물이나 장소를 가리키는 대명사로 this(이것), that(저것), they(그것들) 등이 있음.

Interjection
감탄사
느낄 感 + 탄식할 歎 + 말 詞

Oh!(오!), Wow!(와!), Oops!(아이고!), Tada!(짠!), Superb!(최고야!)와 같이 기쁨, 놀람, 슬픔 등의 감정을 표현하는 말.
- **Wow**, it's amazing.(와, 그거 대단하다.)
  놀람을 표현하는 감탄사

예 "Superb! This movie is so fantastic.(최고야! 이 영화 정말 환상적이야.)"에서 Superb(최고야)는 놀람을 표현하는 　　　　이다.

Conjunction
접속사
이을 接 + 이을 續 + 말 詞

단어, 구, 문장을 서로 연결해 주는 말.
- I like apples **and** bananas.(나는 사과와 바나나를 좋아한다.)
  명사 apples와 bananas를 연결하는 접속사

예 "I want to play outside, but it is raining.(나는 밖에서 놀고 싶다, 그러나 비가 내리고 있다.)"에서 서로 반대되는 의미의 문장과 문장을 연결하는 but(그러나)은 　　　　이다.

Preposition
전치사
앞 前 + 둘 置 + 말 詞

명사나 대명사 앞에 놓여 시간, 위치, 방향 등의 의미를 갖도록 하는 말.
- I brush my teeth **after** dinner.
  명사 dinner 앞에 놓여 시간을 나타내는 전치사
  (나는 저녁 식사 후에 양치질을 한다.)

예 "She walks to the park with her dog.(그녀는 강아지를 데리고 공원을 향해 걸어간다.)"에서 명사 the park(공원) 앞에 있는 to(~로)는 방향을 나타내는 　　　　이다.

> **플러스 개념어** 전치사의 부사구
> 동사를 수식하는 부사구로 쓰일 때의 전치사구는 주로 시간, 위치, 방향, 수단 등을 나타냄.
> - 시간 전치사: in, on, at, after, before 등
> - 위치 전치사: in, on, at, next, by 등
> - 방향 전치사: to, up, down, into 등
> - 수단 전치사: by, with, in 등

확인문제

[253005-0114]

1 단어의 뜻을 찾아 선으로 이어 보자.

(1) 대명사 • • 단어, 구, 문장을 서로 연결해 주는 말.

(2) 감탄사 • • Oh, Wow, Oops와 같이 기쁨, 놀람, 슬픔 등의 감정을 표현하는 말.

(3) 접속사 • • 앞에 나온 명사가 다시 나올 때, 그 명사를 대신해서 쓰는 말.

(4) 전치사 • • 명사나 대명사 앞에 놓여 시간, 위치, 방향 등의 의미를 갖도록 하는 말.

[253005-0115]

2 문장 속의 각 단어가 대명사, 감탄사, 접속사, 전치사 중 무엇인지 빈칸에 써 보자.

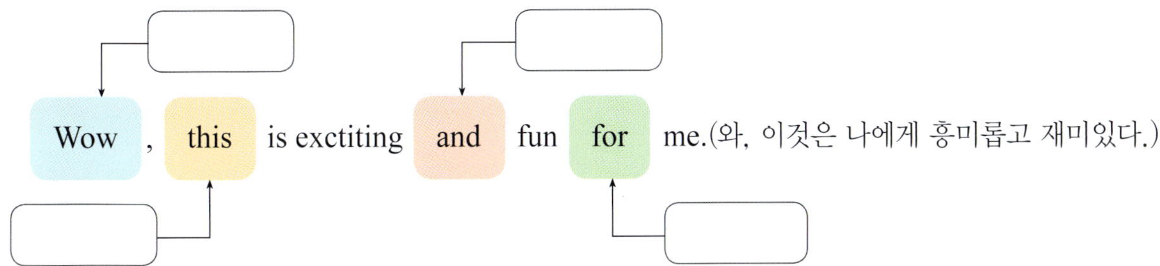

[253005-0116]

3 밑줄 친 단어의 품사가 알맞으면 ○표, 알맞지 <u>않으면</u> ✕표 해 보자.

(1) **Oops**, I dropped my smartphone!(아이고, 나는 내 휴대 전화기를 떨어뜨렸어!)
감탄사 (　　)

(2) **She** has a cute dog named Pluto.(그녀는 Pluto라는 이름의 귀여운 강아지가 있다.)
대명사 (　　)

(3) We put our toys **in** the box.(우리는 장난감을 상자에 넣었다.)
접속사 (　　)

(4) Do you want pizza **or** pasta for dinner?(너는 저녁으로 피자 또는 파스타 먹고 싶니?)
전치사 (　　)

어휘력 테스트

3주차 1~5회에서 공부한 단어를 떠올리며 문제를 풀어 보자.

국어 [253005-0117]

1 밑줄 친 단어의 쓰임이 알맞으면 ○표, 알맞지 <u>않으면</u> ✕표 해 보자.

(1) '가다', '걷다'처럼 어떤 것의 움직임을 나타내는 말을 <u>형용사</u>라고 한다. (　　　)

(2) '하늘', '구름', '비'처럼 어떤 것의 이름을 나타내는 말을 <u>대명사</u>라고 한다. (　　　)

(3) '하나', '첫째'처럼 어떤 것의 개수나 순서를 나타내는 말을 <u>수사</u>라고 한다. (　　　)

국어 [253005-0118]

2 문장에 알맞은 단어를 (　　) 안에서 골라 ○표 해 보자.

> 명사, 대명사, 수사처럼 문장에서 주어나 목적어 등으로 쓰이는 단어는 (체언 , 용언)이고, 관형사, 부사처럼 문장에서 다른 말을 꾸며 주는 기능을 하는 단어는 (관계언, 수식언)이다.

국어 [253005-0119]

3 다음에서 설명하고 있는 단어로 알맞은 것은? (　　　　)

> • 다른 말 뒤에 붙어서 단어들 사이의 문법적 관계를 나타내거나 특별한 뜻을 더해 주는 단어이다.
> • 문장에서 쓰일 때 형태가 변하지 않지만, 서술어 역할을 하는 '이다'는 형태가 변한다.
> • 홀로 쓰이지 못하고 주로 체언 뒤에 붙어서 쓰인다.

① 조사　　　　② 부사　　　　③ 명사　　　　④ 감탄사　　　　⑤ 관형사

사회 [253005-0120]

4 빈칸에 **보기**의 뜻을 가진 단어를 초성을 바탕으로 써 보자.

> **보기**
> 도시 인구의 증가나 산업 기술의 발달로 이미 만들어진 도시 환경을 계획적으로 개선하는 사업.

• 일찍이 산업화와 도시화를 경험한 유럽은 과거 산업 시설을 문화 시설로 재활용하거나 새로운 산업을

육성하는 ㄷ ㅅ ㅈ ㅅ 을 진행하고 있다.

사회 [253005-0121]

5 문장에 알맞은 단어를 ( ) 안에서 골라 ○표 해 보자.

(통합 , 분리)은/는 둘 이상의 조직이나 기구 따위를 하나로 합침을 뜻하는 단어이고, (통합 , 분리) 은/는 무엇에서 떨어져 나가는 것, 또는 따로 떼어 내는 것을 뜻하는 단어이다.

사회 [253005-0122]

6 다음에서 설명하는 대륙으로 알맞은 것에 ○표 해 보자.

- 적도를 중심으로 열대 기후, 건조 기후, 온대 기후 등이 분포한다.
- 다양한 문화, 풍부한 천연자원을 바탕으로 발전 가능성이 큰 대륙으로 변화하고 있다.

(유럽 , 아시아 , 아프리카)

수학 [253005-0123]

7 문장에 알맞은 단어를 ( ) 안에서 골라 ○표 해 보자.

(1) $x-4$에서 -4는 수로만 이루어진 (동류항 , 상수항)이다.

(2) $5x+2y-8$은 1개 또는 2개 이상의 항의 합으로 이루어진 (다항식 , 항등식)이다.

수학 [253005-0124]

8 밑줄 친 단어의 쓰임이 알맞으면 ○표, 알맞지 <u>않으면</u> ✕표 해 보자.

(1) $5>3$과 $x=3$은 <u>좌변</u>이 서로 같다. (   )

(2) $25\times10=250$은 등호를 사용하여 두 수가 서로 같음을 나타낸 <u>등식</u>이다. (   )

수학 [253005-0125]

9 일차방정식에서 밑줄 친 항을 이항한 것으로 옳은 것은 ○표, 옳지 <u>않은</u> 것은 ✕표 해 보자.

(1) $x\underline{+5}=-3 \Rightarrow x=-3-5 \rightarrow$ (   )

(2) $-3x\underline{-2}=7 \Rightarrow -3x=7+2 \rightarrow$ (   )

(3) $3x=4\underline{-2x} \Rightarrow -x+3x=-4 \rightarrow$ (   )

과학 [253005-0126]

10 ( ) 안에 들어갈 알맞은 단어를 **보기** 에서 찾아 써 보자.

보기

| 비열 | 온도 | 열전도 | 열팽창 | 열평형 |

(1) 온도가 높은 물체와 낮은 물체가 접촉했을 때 열이 이동하여 두 물체의 온도가 같아진 상태를 (   )(이)라고 한다.

(2) 물체에 열을 가했을 때 물체의 길이나 부피가 늘어나는 현상을 (   )(이)라고 한다.

(3) 어떤 물질의 온도를 높이는 데 필요한 열량을 (   )(이)라고 한다.

3주차 어휘력 테스트

과학 [253005-0127]

11 문장에 알맞은 단어를 ( ) 안에서 골라 ○표 해 보자.

> 물을 가열하면 물 입자의 운동이 (활발해져 / 둔해져) 온도가 높아지고, 따뜻한 물이 식으면 물 입자의 운동이 (활발해져 / 둔해져) 온도가 낮아진다.

과학 [253005-0128]

12 뜻에 알맞은 단어를 찾아 선으로 이어 보자.

(1) 물질을 구성하는 입자의 운동이 이웃한 입자에 차례로 전달되어 열이 이동하는 방식. · · 복사

(2) 열을 얻은 액체나 기체 입자가 직접 이동하면서 열이 이동하는 방식. · · 대류

(3) 물질의 도움 없이 열이 직접 이동하는 방식. · · 전도

한자 [253005-0129]

13 뜻에 알맞은 단어가 되도록 글자를 네 개씩 찾아 ○표 해 보자.

(1) 이미 한 말을 계속 되풀이함. | 중 | 진 | 언 | 구 | 부 | 영 | 언 | 복 |

(2) 묵은해를 보내고 새해를 맞이함. | 부 | 송 | 신 | 구 | 언 | 영 | 찰 | 신 |

영문법 [253005-0130]

14 밑줄 친 단어의 품사를 ( ) 안에서 골라 ○표 해 보자.

> He is sweet and thoughtful to me.(그는 나에게 상냥하고 사려 깊다.)

(1) He(그)는 사람을 가리키는 (명사 , 대명사)이다.

(2) and(−고)는 sweet(상냥하다)와 thoughtful(사려 깊다)을 연결해 주는 (동사 , 접속사)이다.

(3) to(~에게)는 me(나) 앞에서 방향의 의미를 갖는 (형용사 , 전치사)이다.

1회 학습 계획일 ◯월 ◯일

국어 교과서 어휘	사회 교과서 어휘
추론	원주민
단서	식민 지배
의도	대평원
관점	문화 혼종성
상황 맥락	초국적 기업
준언어	무역 장벽
비언어	

2회 학습 계획일 ◯월 ◯일

수학 교과서 어휘	과학 교과서 어휘
수직선 위의 점의 좌표	확산
좌표축	증발
좌표평면	고체
순서쌍	액체
사분면	기체
	상태 변화

3회 학습 계획일 ◯월 ◯일

국어 교과서 어휘	사회 교과서 어휘
블로그	지하자원
매체 자료	유제품
적절성	해수면 상승
생산자	해양 쓰레기
정보 윤리	극지방
언어폭력	영유권
인신공격	

4회 학습 계획일 ◯월 ◯일

수학 교과서 어휘	과학 교과서 어휘
변수	기화
그래프	액화
정비례	융해
정비례 관계의 그래프	응고
반비례	승화
반비례 관계의 그래프	열에너지
	흡수
	방출

5회 학습 계획일 ◯월 ◯일

한자 어휘	영문법 어휘
견리사의	부정문
정의	의문문
허심탄회	명령문
허비	감탄문
허약	

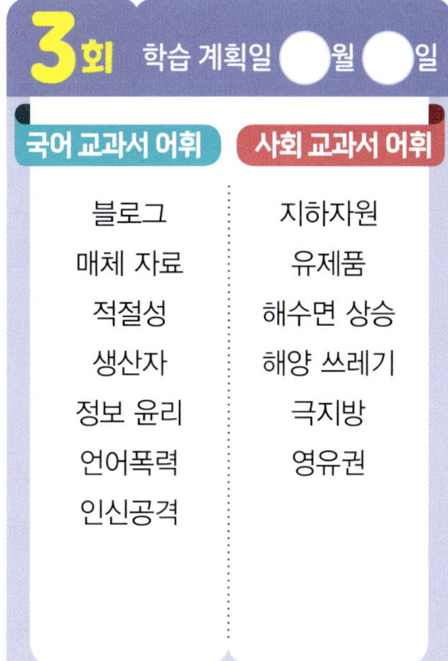

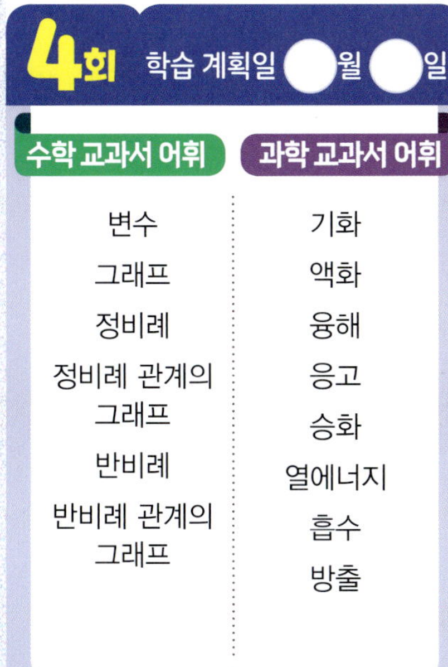
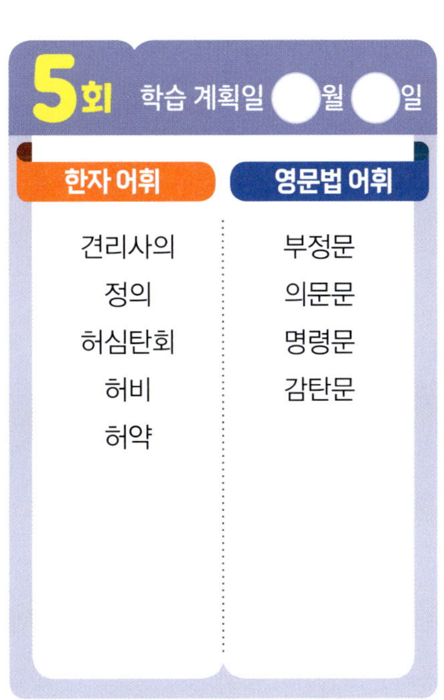

✏️ 단어와 그 뜻을 익히고, 빈칸에 알맞은 단어를 써 보자.

추론
좇을 推 + 논의할 論

미루어 생각하여 논함.

예 확실한 증거도 없이 ☐☐에 의해 결론을 내리는 것은 위험하다.

단서
바를 端 + 실마리 緒

어떤 문제를 해결하는 방향으로 이끌어 가는 일의 첫 부분.

예 범인을 잡는 데 결정적인 ☐☐를 찾았다.

플러스 개념어 **실마리**
일이나 사건을 풀어 나갈 수 있는 첫머리.
예 "드디어 해결의 실마리가 보인다."

의도
뜻 意 + 꾀할 圖
☞ '圖'의 대표 뜻은 '그림'임.

무엇을 하고자 하는 생각이나 계획.

예 뉴스에서 다루고 있는 주요 내용을 살펴보면, 뉴스를 제작한 ☐☐를 알 수 있다.

유의어 **'의도'의 유의어**
• 뜻: 무엇을 하겠다고 속으로 먹는 마음.
• 의사: 무엇을 하고자 하는 생각.
• 의지: 어떠한 일을 이루고자 하는 마음.
• 의향: 마음이 향하는 바. 또는 무엇을 하려는 생각.

관점
볼 觀 + 점 點

사물이나 현상을 보고 생각하는 개인의 태도나 입장.

예 UFO를 바라보는 ☐☐은 여러 가지가 있기 때문에 어느 한쪽의 주장에 치우치는 것은 바람직하지 않다.

상황 맥락
형상 狀 + 상황 況 +
줄기 脈 + 이을 絡

말하는 이, 듣는 이, 구체적 시간과 공간, 주제와 목적 등에 따라 형성되는 맥락.

예 대화를 나눌 때 말하는 이가 처한 상황을 파악해야 ☐☐ ☐☐을 이해하는 데 도움이 된다.

플러스 개념어 **사회·문화적 맥락**
역사적·사회적 환경, 가치, 신념 등에 의해 형성되는 맥락.
예 '오셨습니까?'를 뜻하는 제주도 방언인 '옵데강?'을 다른 지역 사람들이 알아듣지 못하는 것은 사회·문화적 맥락을 이해하지 못했기 때문이다.

준언어
준할 準 + 말씀 言 + 말씀 語

말의 속도, 목소리의 크기, 발음, 억양 등 언어 표현에 직접 드러나 의미를 전달하는 표현.

예 목소리의 크기와 억양 등의 ☐☐☐ 적 표현을 상황에 맞게 사용할 때 의사소통을 효과적으로 할 수 있다.
음의 높낮이가 이어져 생기는 일정한 유형.

비언어
아닐 非 + 말씀 言 + 말씀 語

시선, 표정, 몸짓, 자세 등 언어 표현과는 별도로 의미를 전달하는 표현.

예 자연스러운 표정이나 몸짓 등 ☐☐☐ 적 표현을 사용하면 언어적 표현의 의미를 보완할 수 있다.

확인문제

1 [253005–0131]
뜻에 알맞은 단어를 보기 에서 찾아 사다리를 타고 내려간 곳에 써 보자.

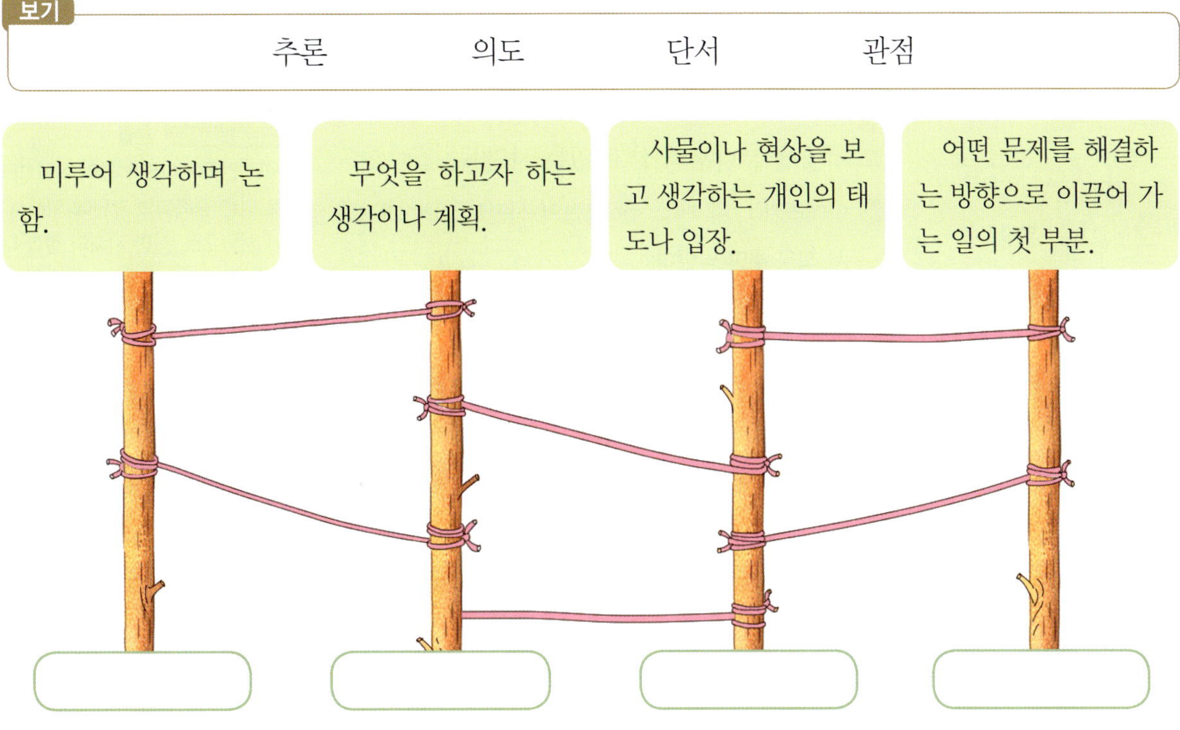

2 [253005–0132]
단어의 뜻을 찾아 선으로 이어 보자.

(1) 상황 맥락 •

(2) 사회·문화적 맥락 •

• 역사적·사회적 환경, 가치, 신념 등에 의해 형성되는 맥락.

• 말하는 이, 듣는 이, 구체적 시간과 공간, 주제와 목적 등에 따라 형성되는 맥락.

3 [253005–0133]
설명에 해당하는 단어를 빈칸에 써 보자.

(1) 언어 표현과는 별도로 의미를 전달하는 표현이야. 시선이나 표정, 몸짓, 자세 등을 통해 나타낼 수 있어.
　　　　 적 표현

(2) 언어 표현에 직접 드러나 의미를 전달하는 표현이야. 말의 속도, 크기, 발음, 억양 등으로 나타낼 수 있어.
　　　　 적 표현

사회 교과서 어휘

✏️ 단어와 그 뜻을 익히고, 빈칸에 알맞은 단어를 써 보자.

원주민
근원 原 + 살 住 + 백성 民

그 지역에 본디부터 살고 있는 사람들.

예 아메리카 ☐☐☐은 유럽의 식민지 개척 과정에서 적은 수만 남았다.

플러스 개념어 혼혈
서로 인종이 다른 혈통이 섞임. 또는 서로 다른 종족과의 혼인에 의해서 태어난 사람으로, 식민 지배의 결과 다양한 이유로 아메리카에는 혼혈이 증가함.

식민 지배
심을 植 + 백성 民 + 지탱할 支 + 짝 配

강한 나라들이 힘없는 나라를 정복하여 정치적, 경제적으로 복종하게 하여 다스림.

예 과거 라틴 아메리카 국가 대부분은 유럽의 ☐☐☐☐를 받았다.

플러스 개념어 아메리카의 구분
아메리카는 언어, 종교 등의 문화적 차이로 리오그란데강을 경계로 앵글로아메리카와 라틴 아메리카로 구분한다.
• 앵글로아메리카(북부 아메리카): 영국의 영향을 받은 미국과 캐나다가 속함.
• 라틴 아메리카(중·남부 아메리카): 에스파냐와 포르투갈의 영향을 받은 멕시코, 브라질, 아르헨티나 등이 속함.

대평원
큰 大 + 평평할 平 + 벌판 原
👆 '原'의 대표 뜻은 '근원'임.

넓고 큰 평평한 들.

예 로키산맥의 동쪽에는 ☐☐☐이 미국과 캐나다에 걸쳐 펼쳐져 있다.

문화 혼종성
글월 文 + 될 化 + 섞을 混 + 씨 種 + 성질 性

서로 다른 문화가 만나 뒤섞이게 되어 새로운 문화를 만들어 내는 현상.

예 아메리카 문화는 기존의 문화와 교류하면서 ☐☐☐☐이 건축, 종교, 예술 등 다양한 분야에서 나타나고 있다.

플러스 개념어 문화 정체성
다른 문화와 구별되는 한 문화의 고유한 특성.

초국적 기업
넘을 超 + 나라 國 + 문서 籍 + 꾀할 企 + 업 業

한 국가에 본사를 두고 세계 여러 국가에서 자회사와 공장 등을 운영하며 상품을 생산·판매하는 기업.

예 ☐☐☐☐☐의 생산 공장이 있는 지역은 일자리가 늘어나 지역 경제가 살아난다.

플러스 개념어 공간적 분업
여러 지역에서 생산 공정을 나누어 제품을 생산하는 방식으로, 이윤을 높이기 위해 본사, 연구소, 생산 공장 등을 세계 여러 지역에 분산하는 것.

무역 장벽
바꿀 貿 + 바꿀 易 + 막을 障 + 벽 壁

국가 간의 자유 무역을 제약하는 인위적인 조치.

예 세계 무역 기구의 출범으로 국가 간 ☐☐☐☐이 낮아지면서 다국적 기업의 수가 빠르게 증가하고 있다.

여러 나라에 계열 회사를 가지고 있으며 세계적인 규모로 상품을 생산하고 판매하는 기업.

플러스 개념어 세계 무역 기구
국제 무역 확대를 위하여 설립된 국제기구.

4
주차

1회
2회
3회
4회
5회

[253005-0134]

1 빈칸에 알맞은 단어가 되도록 글자를 조합해 써 보자.

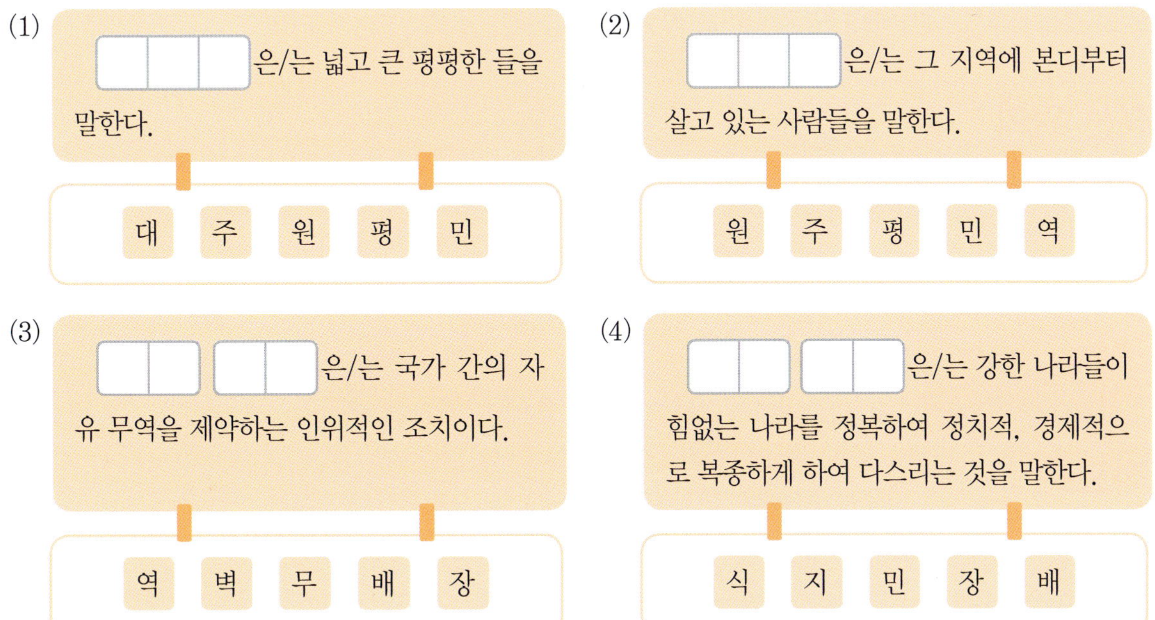

[253005-0135]

2 빈칸에 들어갈 알맞은 단어를 초성을 바탕으로 써 보자.

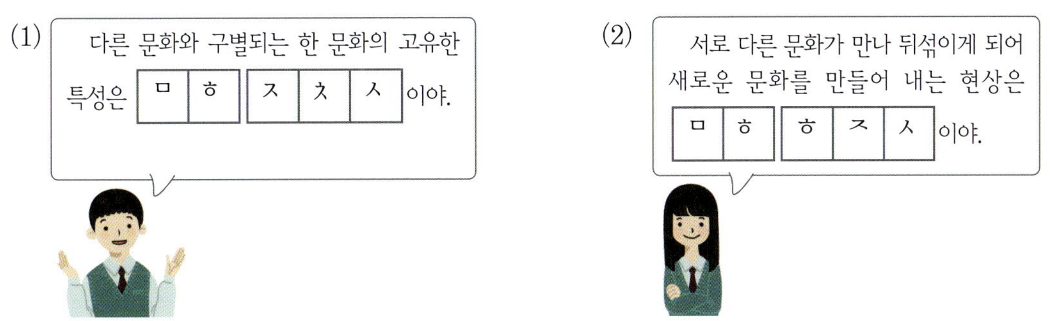

[253005-0136]

3 (　　) 안에 들어갈 알맞은 단어를 **보기**에서 찾아 써 보자.

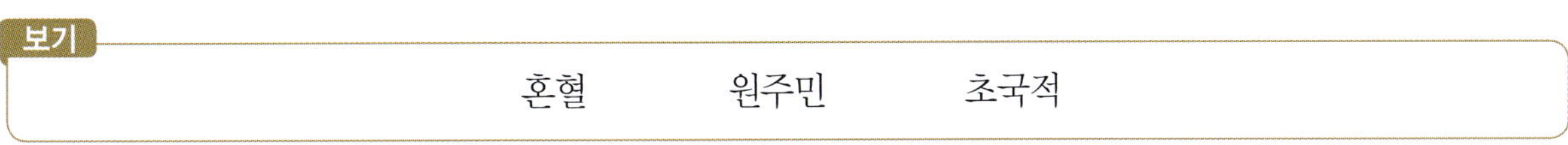

보기

혼혈　　　　원주민　　　　초국적

(1) 유럽계의 식민 지배 영향으로 아메리카에는 서로 다른 종족과의 혼인에 의해서 태어난 다양한
　　(　　　　　)이 있다.

(2) 우리 할아버지는 일을 하러 아메리카로 왔다가 (　　　　　)인 할머니를 만나 결혼하셨다고 했다.

(3) (　　　　　) 기업은 생산 비용을 줄이기 위해 생산 공장을 해외로 옮기기도 한다.

✏️ 단어와 그 뜻을 익히고, 빈칸에 알맞은 단어를 써 보자.

수직선 위의 점의 좌표

셈 數 + 곧을 直 + 줄 線 +
위의 + 점 點 + 의 +
자리 座 + 표할 標

수직선 위의 한 점에 대응하는 수를 그 점의 좌표라고 함.

예　수직선 위의 세 점 O, A, B의 □□□ 를 기호로 나타내면 $O(0)$, $A(-2)$, $B(3)$이다.

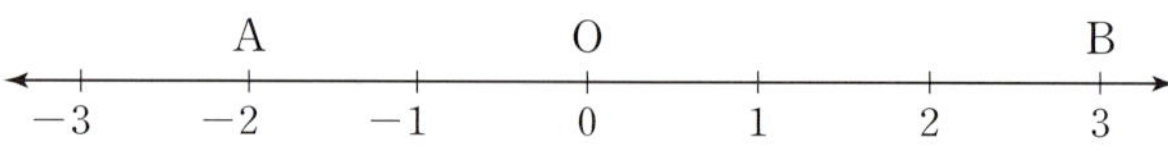

좌표축

자리 座 + 표할 標 + 축 軸

🐭 '軸'의 대표 뜻은 '굴대'임. '굴대'는 수레 바퀴의 한가운데에 뚫린 구멍에 끼우는 긴 나무 막대나 쇠막대를 일컬음.

좌표를 정하는 기준이 되는 축으로, 가로의 수직선 x축과 세로의 수직선 y축을 통틀어 일컫는 말.

예　두 수직선이 점 $O(0, 0)$에서 서로 수직으로 만날 때, 가로의 수직선을 x축, 세로의 수직선을 y축이라 하고, 이 두 축을 □□□ 이라고 한다.

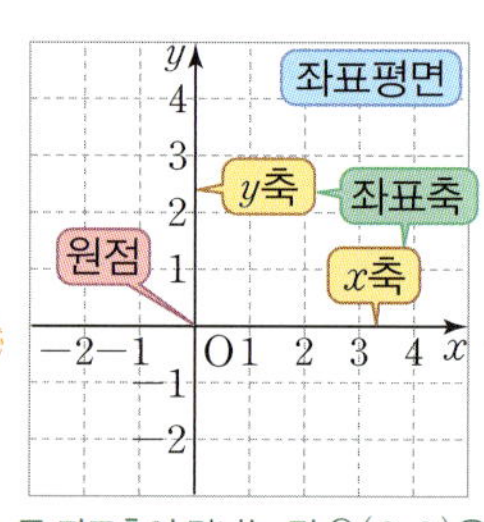

두 좌표축이 만나는 점 $O(0, 0)$을 원점이라고 함.

좌표평면

자리 座 + 표할 標 +
평평할 平 + 평면 面

점의 위치를 좌표로 나타낼 수 있는 평면으로, 원점과 두 좌표축이 그려져 있는 평면.

예　오른쪽 □□□□ 위의 점 P의 좌표는 $P(1, 2)$이다.

순서쌍

순서 順 + 차례 序 + 쌍 雙

🐭 '順'의 대표 뜻은 '순하다'임.

두 수나 문자의 순서를 정하여 괄호 안에 짝 지어 나타낸 것. $a \neq b$일 때 순서쌍 (a, b)와 순서쌍 (b, a)는 서로 다르다.

예　점 P에서 x축, y축에 수직으로 직선을 그어 만나는 점이 나타내는 수가 각각 2, 1일 때 □□□ $(2, 1)$을 점 P의 좌표라고 한다.

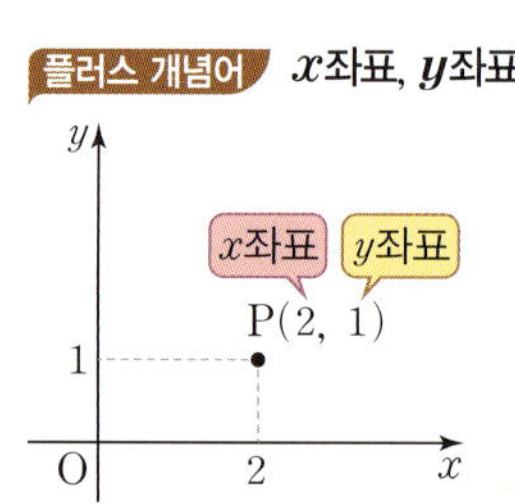

사분면

넉 四 + 나눌 分 + 평면 面

🐭 '面'의 대표 뜻은 '얼굴(낯)'임.

좌표평면을 x축과 y축으로 나눈 네 부분 중 한 면으로, 각각 제1사분면, 제2사분면, 제3사분면, 제4사분면이라고 함.

예　점 $A(1, 2)$는 제1□□ 에 속하는 점이고, 점 $B(-3, 1)$은 제2□□ 에 속하는 점이다.

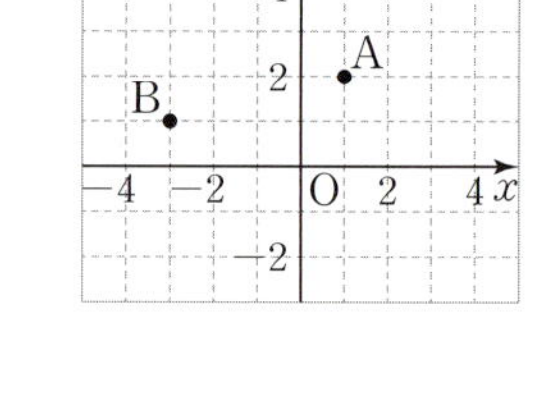

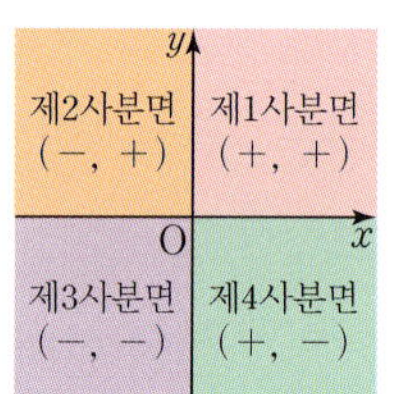

▲ 좌표평면의 사분면

	제1사분면	제2사분면	제3사분면	제4사분면
x좌표	+	−	−	+
y좌표	+	+	−	−

▲ 각 사분면의 좌표 부호

좌표축 위의 점은 어느 사분면에도 속하지 않음.

확인문제

[253005-0137]

1 다음 수직선에서 알맞은 점을 골라 ○표 해 보자.

A   B   C   D   E
−3   −2   −1   0   +1   +2   +3

(1) 점 (A , B , C , D , E)의 좌표는 +3이다.

(2) 점 (A , B , C , D , E)의 좌표는 0이다.

(3) 점 (A , B , C , D , E)의 좌표는 −3이다.

(4) 점 (A , B , C , D , E)의 좌표는 −1.5이다.

[253005-0138]

2 ( ) 안에 들어갈 알맞은 단어를 보기 에서 찾아 써 보자.

보기			
x축	좌표평면	y축	사분면

(1) 좌표축이 만나는 점 O를 원점, 좌표축이 그려져 있는 평면을 ( )이라고 한다.

(2) 두 수직선이 원점 O에서 서로 수직으로 만날 때, 가로의 수직선을 ( ), 세로의 수직선을 ( )이라고 한다.

(3) 좌표축에 의하여 네 부분으로 나누어지는 각각인 제1사분면, 제2사분면, 제3사분면, 제4사분면을 ( )이라고 한다.

[253005-0139]

3 ( ) 안에 들어갈 알맞은 단어를 보기 에서 찾아 써 보자.

보기			
x축	x좌표	y좌표	제3사분면

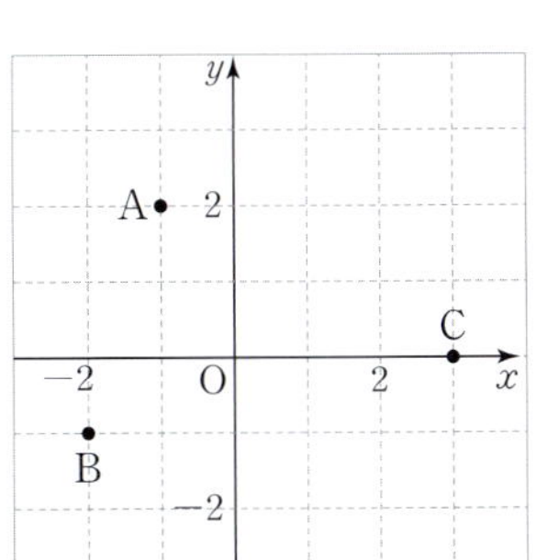

(1) 점 A$(-1, 2)$에서 −1은 점 A의 ( )이다.

(2) 점 B$(-2, -1)$은 x좌표와 y좌표의 부호가 모두 음수이므로 ( ) 위의 점이다.

(3) 점 C$(3, 0)$은 ( )가 0이므로 ( ) 위의 점이다.

✏️ 단어와 그 뜻을 익히고, 빈칸에 알맞은 단어를 써 보자.

확산
넓힐 擴 + 흩을 散

물질을 이루는 입자가 스스로 운동하여 주변으로 퍼져 나가는 현상.

예) 물에 잉크를 떨어뜨리면 잉크 입자가 [　　] 하여 물 전체가 잉크 색으로 변한다.

플러스 개념어 입자 운동
물질을 구성하는 입자가 스스로 끊임없이 운동하는 것으로 증발, 확산 등의 현상으로 나타남.

증발
김 오를 烝 + 필 發

액체를 이루는 입자가 스스로 운동하여 액체 표면에서 기체로 변하는 현상.

예) 오징어를 널어 말리면 [　　] 에 의하여 마른 오징어가 된다.

고체
굳을 固 + 물체 體

담는 그릇에 따라 모양과 부피가 변하지 않고 단단한 물질의 상태.

예) 나무, 철, 플라스틱처럼 일정한 모양과 크기를 가지고 있는 물질의 상태는 [　　] 이다.

액체
즙 液 + 물체 體

담는 그릇에 따라 모양이 변하지만 부피가 변하지 않고, 흐르는 성질이 있는 물질의 상태.

예) 물, 우유, 수돗물, 식용유처럼 흐르는 성질이 있어서 담는 그릇에 따라 모양이 달라지는 물질의 상태는 [　　] 이다.

기체
기운 氣 + 물체 體

담는 그릇에 따라 모양과 부피가 변하고, 흐르는 성질이 있는 물질의 상태.
공간의 크기에 따라 부피가 달라짐.

예) [　　] 는 담는 그릇에 따라 모양과 부피가 변하고, 흐르는 성질이 있어서 다양한 모양의 고무풍선을 만들 수 있다.

상태 변화
형상 狀 + 모양 態 + 변할 變 + 될 化

물질이 온도와 압력에 따라 다른 상태로 변하는 현상.

예) 페트병에 물을 넣고 얼리면 부피가 커지면서 병이 볼록하게 튀어나오는데, 이는 액체에서 고체로 [　　][　　] 가 일어나기 때문이다.

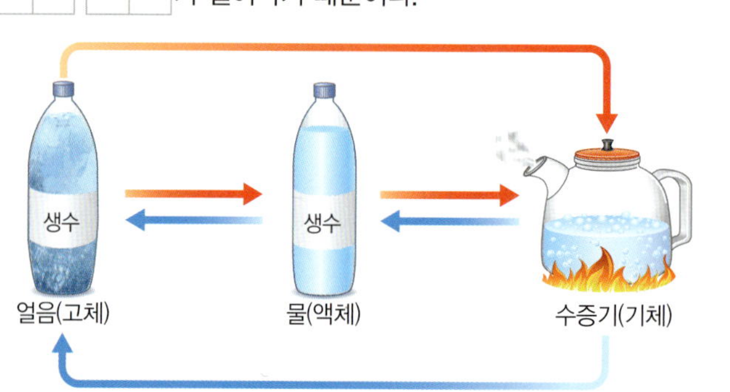

확인문제

[253005-0140]
1 단어의 뜻에 알맞은 것을 **보기** 에서 찾아 사다리를 타고 내려간 곳에 기호를 써 보자.

보기

ㄱ 물질을 이루는 입자가 스스로 운동하여 주변으로 퍼져 나가는 현상.

ㄴ 물질을 구성하는 입자가 스스로 끊임없이 운동하는 것.

ㄷ 액체를 이루는 입자가 스스로 운동하여 액체 표면에서 기체로 변하는 현상.

[253005-0141]
2 문장의 뜻에 알맞은 말을 찾아 ○표 해 보자.

(1) 기체: 담는 그릇에 따라 모양과 부피가 (변하고 , 변하지 않고), 흐르는 성질이 있는 물질의 상태를 말한다.

(2) 고체: 담는 그릇에 따라 모양과 부피가 (변하고 , 변하지 않고), 단단한 물질의 상태를 말한다.

(3) 액체: 담는 그릇에 따라 모양이 변하지만 부피가 (변하고 , 변하지 않고), 흐르는 성질이 있는 물질의 상태를 말한다.

[253005-0142]
3 다음 상황 설명에 알맞은 단어를 **보기** 에서 찾아 써 보자.

보기

증발　　대류　　확산　　열팽창　　상태 변화

(1) ☐☐ : 부엌에서 음식을 하면 음식 냄새가 집 안 전체에 퍼진다.

(2) ☐☐ : 감을 널어 말리면 곶감이 된다.

(3) ☐☐☐☐ : 쇳물이 식어 단단한 고철이 되는 것은 액체에서 고체로 변했기 때문이다.

✏️ 단어와 그 뜻을 익히고, 빈칸에 알맞은 단어를 써 보자.

블로그

사이버 공간에서 누리꾼이 자신의 관심사에 따라 **자유롭게 게시물을 작성하여 올리는 웹사이트**.

예 우리 모임은 공식 ☐☐☐를 통해 정보를 공유하고 있다.

매체 자료

매개할 媒 + 물체 體 + 재물 資 + 재료 料

'媒'의 대표 뜻은 '중매', '體'의 대표 뜻은 '몸'임.

매체의 발달에 따라 생겨난, 음악이나 사진, 어떤 정보를 한쪽에서 다른 쪽으로 전하는 수단. **동영상 등의 자료**.

예 ☐☐ ☐☐의 종류에는 도표나 사진 등의 시각 자료, 소리나 음악 등의 청각 자료, 동영상이나 애니메이션 등의 복합 자료가 있다.

플러스 개념어 매체의 종류
- 인쇄 매체: 신문, 잡지 등
- 방송 매체: 라디오, 텔레비전 등
- 인터넷 매체: 블로그, 사회 관계망 서비스 (SNS) 등

적절성

알맞을 適 + 적절할 切 + 성질 性

'切'의 대표 뜻은 '끊다', '性'의 대표 뜻은 '성품'임.

꼭 알맞은 특성.

예 매체에 담긴 정보가 객관적이고 정확한지 살펴보는 것은 매체 내용의 ☐☐☐을 평가하는 방법이다.

생산자

만들 生 + 생산할 産 + 사람 者

'生'의 대표 뜻은 '나다', '産'의 대표 뜻은 '낳다'임.

매체 자료의 정보를 만들어 내는 사람.

예 ☐☐☐가 어떤 의도로 자료를 제시했는지에 따라 자료의 적절성이 달라질 수 있다.

플러스 개념어 수용자
매체에서 정보를 얻는 사람.

정보 윤리

사실 情 + 알릴 報 + 인륜 倫 + 도리 理

'情'의 대표 뜻은 '뜻', '理'의 대표 뜻은 '다스리다'임.

매체에서 자료를 가져오거나 새로 만들 때 **지켜야 할 마땅한 태도**.

예 여러 매체에서 자료를 가져올 때에는 객관적인 정보를 제시하고 출처를 명확하게 밝히는 등의 ☐☐ ☐☐를 지켜야 한다.

언어폭력

말씀 言 + 말씀 語 + 사나울 暴 + 힘 力

말을 할 때 **교양이 없는 이야기를 늘어놓거나 욕설, 협박하는 일**.

예 때로는 ☐☐☐☐이 물리적인 폭력보다 더 큰 상처를 남길 수 있다.
신체와 관련되어 있거나 신체를 써서 폭력을 행사하는 것을 말함.

인신공격

사람 人 + 몸 身 + 칠 攻 + 칠 擊

다른 사람의 신체나 행동 또는 그 사람과 관련된 일이나 상황에 관한 것을 들어 비난하는 일.

예 인터넷 매체를 활용하여 생각을 표현할 때는 상대방에게 ☐☐☐☐이나 욕설, 비방 등을 하지 않아야 한다.

확인문제

[253005-0143]

1 단어의 뜻을 보기 에서 찾아 사다리를 타고 내려간 곳에 기호를 써 보자.

> **보기**
>
> ㉠ 꼭 알맞은 특성.
> ㉡ 매체 자료의 정보를 만들어 내는 사람.
> ㉢ 매체의 발달에 따라 생겨난 음악이나 사진, 동영상 등의 자료.
> ㉣ 사이버 공간에서 누리꾼이 자신의 관심사에 따라 자유롭게 게시물을 작성하여 올리는 웹사이트.

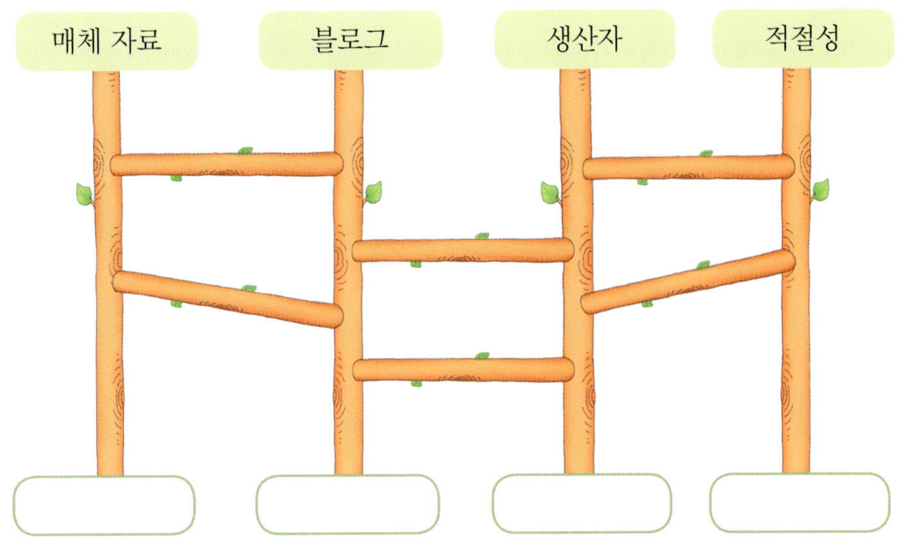

[253005-0144]

2 단어의 뜻이 알맞으면 ○표, 알맞지 <u>않으면</u> ✕표 해 보자.

(1) 인신공격: 멀리 떨어져 있는 사람의 사정을 알리는 말이나 글. (   )

(2) 언어폭력: 말을 할 때 교양이 없는 이야기를 늘어놓거나 욕설, 협박하는 일. (   )

(3) 정보 윤리: 매체에서 자료를 가져오거나 새로 만들 때 지켜야 할 마땅한 태도. (   )

[253005-0145]

3 (   ) 안에 들어갈 알맞은 단어를 보기 에서 찾아 써 보자.

> **보기**
>
> 매체   생산자   블로그   적절성   언어폭력

(1) 나는 요리에 관심이 많아서 요리 방법을 공유하는 (   )을/를 운영하고 있다.

(2) 독도의 가치를 많은 사람에게 알리기 위해 인쇄 (   ) 중 신문을 활용하기로 하였다.

(3) 오늘날 인터넷 환경의 발달로 누구나 매체 자료의 (   )이/가 될 수 있다.

(4) (   )을/를 방지하려면 자기가 한 말이 상대방에게 상처가 되지는 않았는지 되돌아보는 태도가 필요하다.

사회 교과서 어휘

✏️ 단어와 그 뜻을 익히고, 빈칸에 알맞은 단어를 써 보자.

지하자원
땅 地 + 아래 下 +
재물 資 + 근원 源

땅속에 묻혀 있는 자원. 철, 석탄, 석유와 같이 인간 생활에 도움을 주는 광산물을 이름.

예 오스트레일리아는 □□□□이 풍부하여 광물 수출이 활발하다.

유제품
젖 乳 + 지을 製 + 물건 品

우유를 가공하여 만든 식품을 통틀어 이르는 말로 버터, 치즈, 분유, 연유 따위가 있음.

예 □□□에는 칼슘이 들어 있으므로 성장기 청소년들의 영양 간식으로 알맞다.

플러스 개념어 **낙농업**
젖소나 양을 기르고 그 젖을 이용하는 산업.
예 뉴질랜드는 국토의 약 40%가 목초지로 낙농업에 유리한 환경이다.

해수면 상승
바다 海 + 물 水 + 겉 面 +
위 上 + 오를 昇
🖐 '面'의 대표 뜻은 '낯(얼굴)'임.

바닷물의 표면이 높아지는 현상.

예 지구 온난화로 인해 □□□ □□ 문제가 세계적 문제로 인식되었다.

해양 쓰레기
바다 海 + 큰 바다 洋 + 쓰레기

바다로 유입되는 모든 쓰레기. 육지에서 흘러들거나 배에서 버려지는 것 등 바닷속 또는 바다 위의 모든 쓰레기를 이름.

예 □□□□□ 문제를 해결하려면 일상생활에서 일회용품 사용을 줄여야 한다.

극지방
다할 極 + 땅 地 + 모 方

북극과 남극 주변에 위치한 고위도 지역.

예 □□□의 빙하 속에는 과거의 지구 환경이 고스란히 보존되어 있다.

플러스 개념어 **북극, 남극**
• 북극: 대부분이 얼음으로 덮여 있는 바다로, 유라시아 대륙과 아메리카, 그린란드로 둘러싸여 있음.
• 남극: 거대한 빙하로 덮여 있는 육지로, 남극해로 둘러싸여 있음.

▲ 북극의 위치

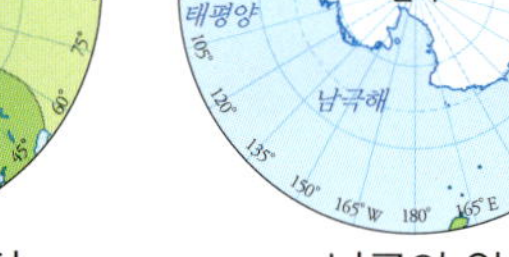

▲ 남극의 위치

영유권
거느릴 領 + 있을 有 + 권세 權

일정한 영토에 대해 해당 국가가 권한을 가지고 관리하고 통제하는 권리.

예 북극의 자원 개발을 위한 인접 국가들의 □□□ 주장이 치열해졌다.
북극과 닿아 있는 러시아, 캐나다, 미국, 덴마크, 노르웨이 등의 국가.

확인문제

4
주차

1회
2회
3회
4회
5회

[253005-0146]

1 뜻에 알맞은 단어를 글자판에서 찾아 묶어 보자. (단어는 가로, 세로, 대각선 방향에서 찾기)

❶ 북극과 남극 주변에 위치한 고위도 지역.
❷ 우유를 가공하여 만든 식품을 통틀어 이르는 말.
❸ 일정한 영토에 대해 해당 국가가 권한을 가지고 관리하고 통제하는 권리.

[253005-0147]

2 ( ) 안에 들어갈 알맞은 단어를 보기에서 찾아 써 보자.

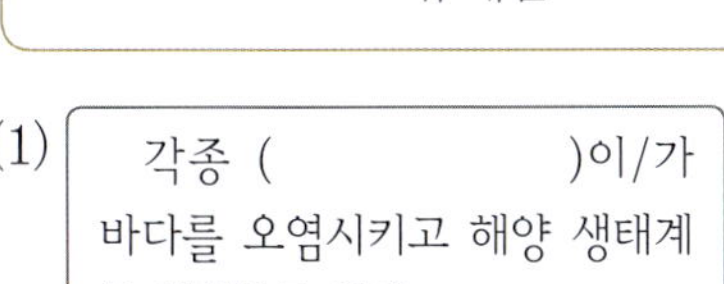

(1) 각종 ( )이/가 바다를 오염시키고 해양 생태계를 위협하고 있어.

(2) 북극해 주변 국가들은 해저 자원의 확보를 위해 북극해의 ( )을/를 주장하고 있어.

(3) 오스트레일리아는 철광석, 석탄, 금 등 ( )이/가 풍부하여 광물 수출이 활발해.

(4) 뉴질랜드는 낙농업에 유리한 환경 때문에 육류와 치즈, 버터 등의 ( )을/를 주로 수출하고 있어.

[253005-0148]

3 ( ) 안에 들어갈 알맞은 단어를 보기에서 찾아 써 보자.

(1) ( )은/는 지구 기온이 높아져 빙하가 녹아 바닷물의 양이 증가하는 현상이다.

(2) ( )의 순환에 의해 미세 플라스틱을 먹은 물고기를 먹게 되면 인간의 건강까지도 위험하게 된다.

(3) 세계 각국은 ( )에 연구소를 설치하고 지구의 기후 변화와 지구 생물, 자원 등을 연구하고 있다.

✏️ 단어와 그 뜻을 익히고, 빈칸에 알맞은 단어를 써 보자.

변수
변할 **變** + 셈 **數**

어떤 관계나 범위 안에서 여러 가지 값으로 변할 수 있는 수로, x, y와 같이 여러 가지로 변하는 값을 나타내는 문자.

예 x의 값이 1, 2, 3, 4로 변함에 따라 y의 값이 3, 6, 9, 12로 정해질 때 x, y는 ☐☐ 이다.

그래프

서로 관계가 있는 두 변수 x, y의 순서쌍 (x, y)를 좌표로 하는 점 전체를 좌표평면 위에 나타낸 것. 두 변수 사이의 관계는 표 또는 그래프로 나타낼 수 있다.

예 두 변수 x, y의 순서쌍 (x, y)를 좌표로 하는 ☐☐☐ 는 점, 직선, 곡선 등으로 나타낼 수 있다.

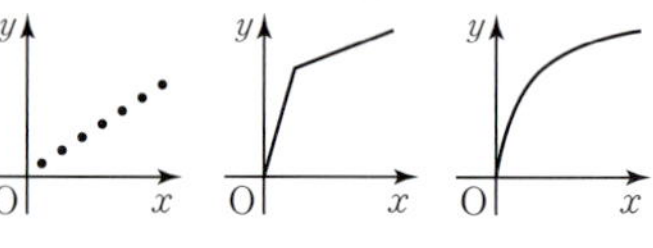

▲ 그래프의 모양

정비례
바를 **正** + 견줄 **比** + 법식 **例**

한쪽 양이 커지거나 작아지면 다른 쪽 양도 그와 같은 비로 커지거나 작아지는 관계.

예 두 변수 x와 y 사이에 x의 값이 2배, 3배, 4배, …로 변할 때 y의 값도 2배, 3배, 4배, …가 되는 관계가 있으면 y는 x에 ☐☐ 한다고 한다.

플러스 개념어 정비례 관계식

x와 y가 정비례하면 x와 y 사이의 관계식은 $y = ax (a \neq 0)$로 나타냄.

→ x의 값이 커지면 y의 값도 커지고, x의 값이 작아지면 y의 값도 작아짐.

정비례 관계의 그래프
바를 **正** + 견줄 **比** + 법식 **例** + 관계할 **關** + 맬 **係** + 의 그래프

원점을 지나는 직선.

예 ☐☐☐ ☐☐ $y = 2x$의 그래프는 원점과 점 $(1, 2)$를 지나는 직선이다.

반비례
돌이킬 **反** + 견줄 **比** + 법식 **例**

한쪽 양이 커지면 다른 쪽 양은 그와 같은 비로 작아지고, 한쪽 양이 작아지면 다른 쪽 양은 그와 같은 비로 커지는 관계.

예 두 변수 x와 y 사이에 x의 값이 2배, 3배, 4배, …로 변할 때, y의 값이 $\frac{1}{2}$배, $\frac{1}{3}$배, $\frac{1}{4}$배, …가 되는 관계가 있으면 y는 x에 ☐☐☐ 한다고 한다.

플러스 개념어 반비례 관계식

x와 y가 반비례하면 x와 y 사이의 관계식은 $y = \dfrac{a}{x} (a \neq 0)$로 나타냄.

→ x의 값이 커지면 y의 값은 작아지고, x의 값이 작아지면 y의 값은 커짐.

반비례 관계의 그래프
돌이킬 **反** + 견줄 **比** + 법식 **例** + 관계할 **關** + 맬 **係** + 의 그래프

원점에 대해 대칭인, 두 좌표축에 한없이 가까워지는 한 쌍의 매끄러운 곡선.

예 ☐☐☐ ☐☐ $y = \dfrac{3}{x}$의 그래프는 점 $(1, 3)$, $(-1, -3)$을 지나며 x축, y축에 한없이 가까워지지만 좌표축과는 만나지 않는다.

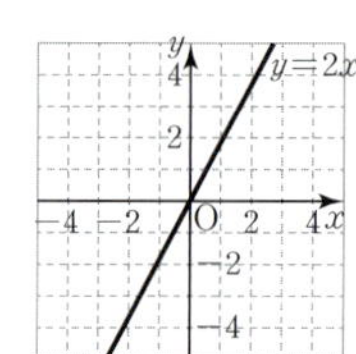

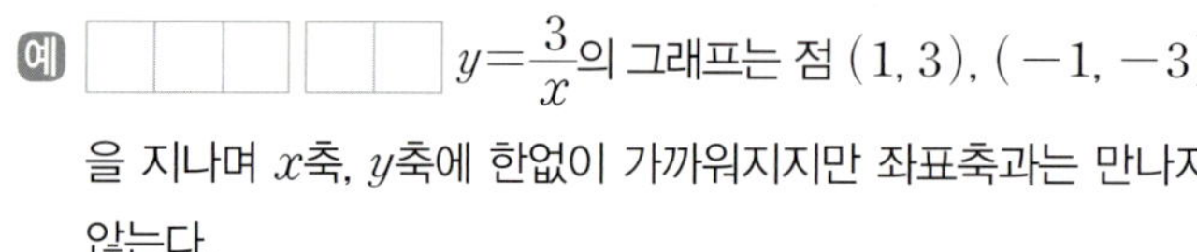

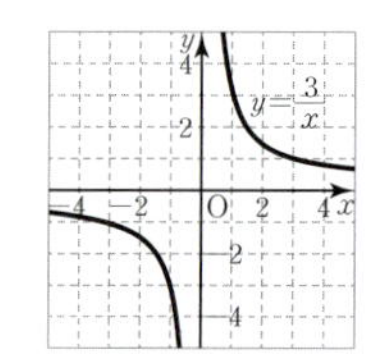

확인문제

4
주차

1회
2회
3회
4회
5회

[253005-0149]

1 뜻에 알맞은 단어가 되도록 보기 의 글자를 조합해 써 보자.

보기

(1) 변하는 값을 나타내는 문자. → ☐☐

(2) 두 변수 사이의 관계를 좌표평면 위에 점, 직선, 곡선 등으로 나타낸 그림. → ☐☐☐

[253005-0150]

2 ( ) 안에 들어갈 알맞은 단어를 보기 에서 찾아 써 보자.

보기

정비례   반비례

(1) 한쪽 양이 커짐에 따라 다른 쪽 양도 그와 같은 비로 커지는 관계는 ( )이다.

(2) 한쪽 양이 커짐에 따라 다른 쪽 양이 그와 같은 비로 작아지는 관계는 ( )이다.

(3) x와 y가 ( )하면 x와 y 사이의 관계식은 $y=ax\,(a\neq0)$이다.

(4) x와 y가 ( )하면 x와 y 사이의 관계식은 $y=\dfrac{a}{x}\,(a\neq0)$이다.

[253005-0151]

3 문장에 알맞은 단어를 ( ) 안에서 골라 ◯표 해 보자.

(1)
(정비례 관계 , 반비례 관계) $y=3x$의 그래프는 원점을 지나는 (직선 , 곡선)이다.

(2)
(정비례 관계 , 반비례 관계) $y=\dfrac{2}{x}$의 그래프는 점 $(1,\,2)$, $(-1,\,-2)$를 지나며 x축, y축과 (만나는 , 만나지 않는) (직선 , 곡선)이다.

과학 교과서 어휘

✏️ 단어와 그 뜻을 익히고, 빈칸에 알맞은 단어를 써 보자.

기화
기체 氣 + 될 化

액체에서 기체로 상태가 변하는 현상.
예 물을 끓이면 수증기가 되는 것은 ☐☐의 예이다.

액화
즙 液 + 될 化

기체에서 액체로 상태가 변하는 현상.
예 차가운 음료를 담은 컵 표면에 물방울이 맺히는 것은 ☐☐의 예이다.

융해
녹을 融 + 녹일 解

고체에서 액체로 상태가 변하는 현상.
예 아이스크림이나 얼음이 녹는 것은 ☐☐의 예이다.

응고
엉길 凝 + 굳을 固

액체에서 고체로 상태가 변하는 현상.
예 지붕의 눈이 녹았다가 처마 밑에서 다시 얼면서 고드름이 되는 것은 ☐☐의 예이다.

승화
오를 昇 + 빛날 華

고체에서 기체로 상태가 변하거나 기체에서 고체로 상태가 변하는 현상.
예 드라이아이스가 시간이 지나면서 크기가 줄어들거나 없어지는 것은 ☐☐의 예이다.

열에너지
더울 熱 + 에너지

온도가 다른 두 물체 사이에서 이동하는 에너지로, 물질의 온도나 상태를 변화시킴.
예 얼음이 녹는 것은 ☐☐☐☐를 흡수하는 상태 변화 융해의 예이다.

플러스 개념어 에너지
물체가 가지고 있는 일을 하는 능력을 통틀어 이르는 말.

흡수
마실 吸 + 모을 收

빨아서 거두어들임, 에너지를 빨아들임.
예 열에너지를 ☐☐하는 상태 변화에는 융해, 기화, 그리고 고체에서 기체로 변화하는 승화가 있다.

방출
놓을 放 + 날 出

비축하여 놓은 것을 내놓음, 에너지를 내보냄.
예 열에너지를 ☐☐하는 상태 변화에는 액화, 응고, 그리고 기체에서 고체로 변화하는 승화가 있다.

확인문제

[253005–0152]

1 빈칸에 알맞은 단어를 쓰고 글자판에서 찾아 묶어 보자. (단어는 가로, 세로, 대각선 방향에서 찾기)

융	해	응	고
열	흡	방	음
수	일	출	발
액	화	승	화

❶ 열에너지를 [　　] 하는 상태 변화에는 융해, 기화, 승화가 있다.

❷ 열에너지를 [　　] 하는 상태 변화에는 액화, 응고, 승화가 있다.

❸ 아이스크림이나 얼음이 녹는 것은 [　　] 이다.

❹ 흘러내린 촛농이 다시 딱딱해지는 것은 [　　] 이다.

[253005–0153]

2 다음 그림에서 빈칸을 채워 보자.

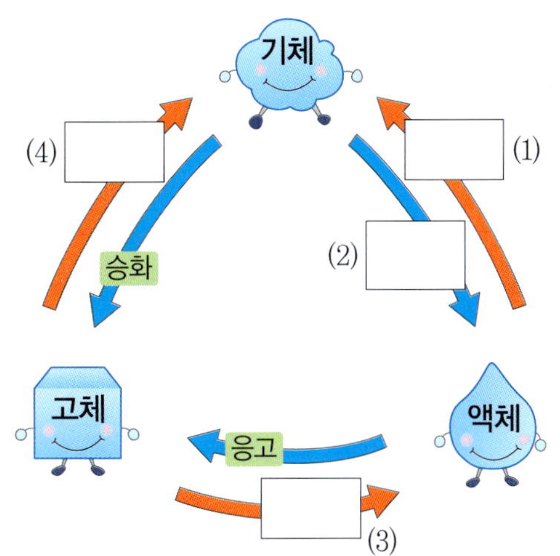

[253005–0154]

3 다음에 알맞은 상태 변화를 보기 에서 찾아 써 보자.

보기

기화　　　액화　　　융해　　　응고　　　승화

(1) 젖은 빨래가 마르는 것. → [　][　]

(2) 목욕탕 천장에 물방울이 맺히는 것. → [　][　]

(3) 추운 겨울날 유리창에 성에가 끼는 것. → [　][　]

한자 어휘

義 (의), 虛 (허)가 들어간 단어

義
뜻 옳을 **음** 의

의(義)는 주로 '옳다', '의롭다'라는 뜻으로 쓰여. 바른 것을 하기 위한 옳은 마음이 있는 것을 '의롭다'라고 하지. 의(義)는 '뜻', '의미'라는 뜻도 있어.

虛
뜻 빌 **음** 허

허(虛)는 주로 '비다'라는 뜻으로 쓰여. 아무것도 없는 것을 '비다'라고 하지. 허(虛)는 '헛되다', '약하다'라는 뜻으로도 쓰여.

✏️ 단어와 그 뜻을 익히고, 빈칸에 알맞은 단어를 써 보자.

견리사의
볼 見 + 이로울 利 + 생각 思 + 옳을 義

눈앞의 **이익을 보면 옳은 것인지 먼저 생각함**.

예 내게 이익이 되는 일이더라도 ☐☐☐☐의 자세를 가져야 한다.

← 견리(見利) + 사의(思義)
이로움을 봄. 의를 생각함.

정의
정할 定 + 뜻 義

어떤 말이나 사물의 **뜻을 명확히 밝혀 정함**.

예 국어사전에서는 우정을 '친구 사이의 정'이라고 ☐☐한다.

← 의(義)가 '뜻'이라는 뜻으로 쓰였음.

동음이의어 정의(바를 正 + 옳을 義)
진리에 맞는 올바른 도리.
예 사회 정의를 실현하다.

허심탄회
빌 虛 + 마음 心 + 드러낼 坦 + 생각 懷
🔖 '坦'의 대표 뜻은 '평평하다', '懷'의 대표 뜻은 '품다'임.

품은 생각을 터놓고 말할 만큼 **아무 거리낌이 없고 솔직함**.

예 우리 가족은 그 문제에 대해 ☐☐☐☐하게 이야기를 나누었다.

← 허심(虛心) + 탄회(坦懷)
마음을 비움. 생각을 드러냄.

허비
헛될 虛 + 쓸 費

헛되이 씀.

예 방학이라고 시간을 괜히 ☐☐하지 말고 계획을 세워 알뜰하게 활용해야 한다.

← 허(虛)가 '헛되다'라는 뜻으로 쓰였음. '헛되다'는 아무 보람이 없는 것을 뜻함.

허약
약할 虛 + 약할 弱

몸이 튼튼하지 못하고 약함.

예 그 아이는 몸이 ☐☐해서 학교에 결석하는 날이 많았다.

← 허(虛)가 '약하다'라는 뜻으로 쓰였음.

[253005-0155]

1 단어의 뜻을 찾아 선으로 이어 보자.

(1) 정의 •   • 헛되이 씀.

(2) 허비 •   • 몸이 튼튼하지 못하고 약함.

(3) 허약 •   • 어떤 말이나 사물의 뜻을 명확히 밝혀 정함.

[253005-0156]

2 빈칸에 알맞은 단어가 되도록 글자를 조합해 써 보자.

(1)
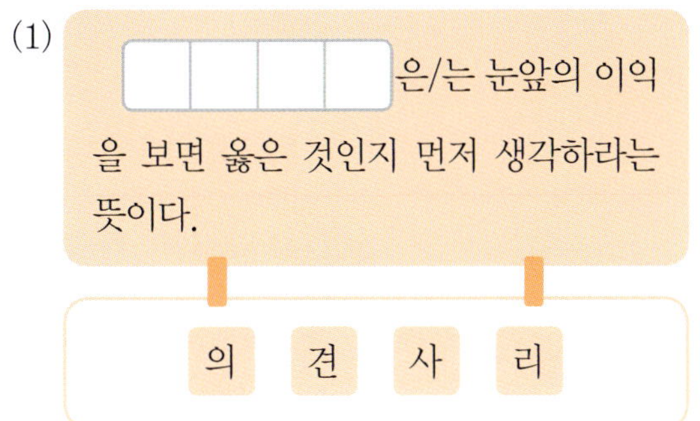

(2)
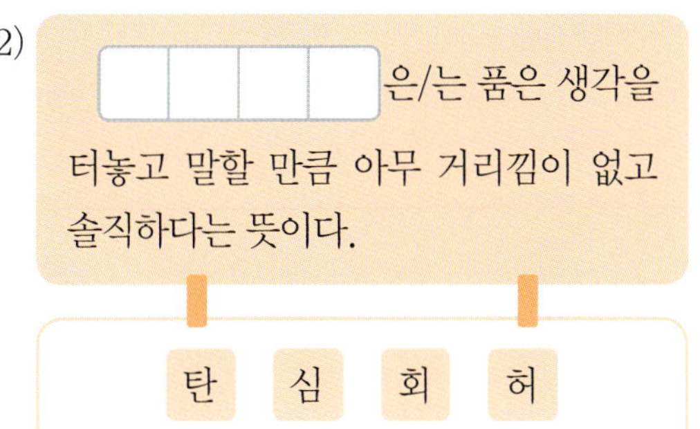

[253005-0157]

3 (   ) 안에 들어갈 단어를 보기 에서 찾아 써 보자.

보기

정의   허약   견리사의   허심탄회

(1) 나는 어려서부터 몸이 (   )해 병원에서 지내는 일이 많았다.

(2) 할아버지께서는 눈앞의 이익을 보더라도 그것이 옳은지를 먼저 따져 보는 (   )의 태도로 살아오셨다.

(3) 누구는 사랑을 '기쁨'이라고 하고, 누구는 사랑을 '희생'이라고 하는 등 사랑에 대한 (   )은/는 사람마다 다르다.

(4) 회사 대표와 근로자 대표가 모든 것을 내려놓고 (   )하게 의견을 주고받은 결과 양쪽 모두 만족할 만한 결과를 이끌어 냈다.

문장에는 네 가지 종류가 있어. 문장은 일반문, 의문문, 명령문, 감탄문으로 나뉘는데, 이 중에서 일반문은 긍정문과 부정문으로 나뉘어. 단순 긍정문을 제외한 부정문(negative sentence), 의문문(interrogative sentence), 명령문(imperative sentence), 감탄문(exclamatory sentence)이 무엇인지 그 뜻과 예를 공부해 보자.

✏️ 단어와 그 뜻을 익히고, 빈칸에 알맞은 단어를 써 보자.

Negative sentence
부정문
아닐 否 + 정할 定 + 글월 文

그렇지 않다거나 옳지 않다고 말하는 문장. 주로 부정어 not, no 등을 사용하여 나타냄.

- I do **not** play the piano well.(나는 피아노를 잘 치지 **못한다**.)
  부정어 not을 사용해 만드는 부정문

예 "These books are not bad for students to read.(이 책들은 학생들이 읽기에 나쁘지 않다.)"는 부정어 not을 사용해 만든 [   ]이다.

Interrogative sentence
의문문
의심할 疑 + 물을 問 + 글월 文

상대방에게 질문하여 대답을 요청하는 문장. 주어와 동사의 위치를 바꾸거나 do동사를 사용하여 나타내며 문장 끝에 물음표(?)를 써야 함.

- **Are you** ready for the school trip?
  동사 Are와 주어 you의 위치를 바꾸어 나타낸 의문문
  (너는 학교 소풍을 갈 준비가 되어 있니?)

예 "Do you have a pet at home?(너는 집에 반려동물이 있니?)"은 동사 Do를 사용해 만든 [   ]이다.

플러스 개념어 부가의문문
일반 문장 끝에 부정어를 이용해 되물어 보는 의문문.
예 You are ready for the exam, aren't you?(너는 시험 준비가 되어 있지, 그렇지?)

Imperative sentence
명령문
명령할 命 + 명령할 令 + 글월 文
☞ '命'의 대표 뜻은 '목숨'임.

상대방에게 어떤 행동을 하도록 지시를 내리는 문장. 주어 You를 생략해 나타냄.

- **Open** the window.
  주어 You를 생략하고 동사 Open으로 시작하는 명령문
  (창문 열어라.)

예 "Jump into the pool.(수영장으로 뛰어들어라.)"은 동사 Jump(뛰다)로 시작하는 [   ]이다.

플러스 개념어 부정명령문
상대방에게 어떤 행동을 하지 않도록 지시를 내리는 문장. 명령문 앞에 Don't나 Never를 써서 나타냄.
예
- Don't do that.
  (그렇게 하면 안 돼.)
- Never go home.
  (절대로 집으로 가지 마라.)

Exclamatory sentence
감탄문
느낄 感 + 탄식할 歎 + 글월 文

놀람, 감탄 등의 감정을 나타내는 문장. What 또는 How로 시작해 나타내며 문장 끝에 느낌표(!)를 씀.

- **What** a beautiful rainbow!(참 멋진 무지개구나!)
  What으로 문장을 시작하여 나타낸 감탄문

예 "How bright the stars are tonight!(오늘 밤 별들이 참 밝다!)"은 How로 시작하는 [   ]이다.

확인문제

[253005-0158]

1 뜻에 알맞은 단어를 보기에서 찾아 써 보자.

> **보기**
>
> 부정문　　　의문문　　　명령문　　　감탄문

(1) 놀람, 감탄 등의 감정을 나타내는 문장. → (　　　　　)

(2) 상대방에게 질문해 대답을 요청하는 문장. → (　　　　　)

(3) 그렇지 않다거나 옳지 않다고 말하는 문장. → (　　　　　)

(4) 상대방에게 어떤 행동을 하도록 지시를 내리는 문장. → (　　　　　)

[253005-0159]

2 문장의 종류를 찾아 선으로 이어 보자.

(1)
How fast you ran!
(너 참 빨리 달렸다!)

(2)
Turn off the lights.(전등을 꺼라.)

(3)
They are not hungry.
(그들은 배고프지 않다.)

(4)
Are you Jinsu's brother?
(너는 진수의 남동생이니?)

의문문

명령문

부정문

감탄문

[253005-0160]

3 설명이 알맞으면 ○표, 알맞지 <u>않으면</u> ✕표를 따라가며 선을 긋고, 몇 번으로 나오는지 써 보자.

(1) "Come here.(이리 와.)"는 명령문이다.

(2) "Never do that.(절대 그러지 마.)"는 부정문이다.

(3) "How nice!(참 멋지다!)"는 의문문이다.

(4) "Are you sad?(너 슬프니?)"는 감탄문이다.

❸　　　　　❹

(　　　　　)

✏️ 4주차 1~5회에서 공부한 단어를 떠올리며 문제를 풀어 보자.

국어 [253005-0161]

1 빈칸에 **보기**의 뜻을 가진 단어를 초성을 바탕으로 써 보자.

> **보기**
>
> 미루어 생각하여 논함.

• 화자의 말에 드러나지 않은 내용을 생각하며 듣는 것을 ㅊ / ㄹ 하며 듣기라고 한다.

국어 [253005-0162]

2 밑줄 친 부분과 관련 있는 표현에 ◯표 해 보자.

(1)
> 수진: (놀란 목소리로) 앗, 깜빡하고 시계를 안 차고 나왔네. 민철아, 지금 몇 시니?
> 민철: 5시야.

(준언어적 표현 , 비언어적 표현)

(2)
> 수진: (손목을 바라보며) 앗, 깜빡하고 시계를 안 차고 나왔네. 민철아, 지금 몇 시니?
> 민철: 5시야.

(준언어적 표현 , 비언어적 표현)

국어 [253005-0163]

3 문장에 알맞은 단어를 ( ) 안에서 골라 ◯표 해 보자.

> 매체에서 전달하는 정보를 만드는 사람을 (수용자 , 생산자)라고 하고, 매체를 통해 정보를 얻는 사람을 (수용자 , 생산자)라고 한다.

사회 [253005-0164]

4 밑줄 친 단어의 뜻을 가진 단어가 되도록 글자를 모두 찾아 ◯표 해 보자.

> 아메리카는 원주민, 유럽계 백인, 아프리카계 흑인 등의 서로 다른 문화가 만나 뒤섞이게 되어 새로운 문화를 만들어 내는 현상이 점점 커지고 있다.

문 　 역 　 화 　 무 　 혼 　 장 　 종 　 벽 　 성

사회 [253005-0165]

5 빈칸에 **보기**의 뜻을 가진 단어를 초성을 바탕으로 써 보자.

보기
> 한 국가에 본사를 두고 세계 여러 국가에서 자회사와 공장 등을 운영하며 상품을 생산·판매하는 기업.

• ㅊ ㄱ ㅈ ㄱ ㅇ 이 여러 지역에서 생산 공정을 나누어 제품을 생산하는 방식으로, 이윤을 높이기 위해 본사, 연구소, 생산 공장 등을 세계 여러 지역에 분산하는 것을 공간적 분업이라고 한다.

사회 [253005-0166]

6 다음에서 설명하고 있는 지역으로 알맞은 것에 ○표 해 보자.

> • 북극과 남극 주변에 위치한 고위도 지역이다.
> • 이곳의 인접 국가들의 영유권 주장 등 다양한 이해관계가 대립하고 있다.
> • 이곳의 개발을 두고 환경 보존과 지역 경제 발전이라는 가치가 대립하기도 한다.

(극지방 , 아메리카 , 오세아니아)

수학 [253005-0167]

7 문장에 알맞은 단어를 ( ) 안에서 골라 ○표 해 보자.

(1) 한쪽 양이 커짐에 따라 다른 쪽 양도 그와 같은 비로 커지는 관계는 (정비례 , 반비례)이다.

(2) 두 변수 사이의 관계를 (좌표축 , 좌표평면) 위에 점, 직선, 곡선 등으로 나타낸 그림을 그래프라고 한다.

수학 [253005-0168]

8 밑줄 친 단어의 쓰임이 알맞으면 ○표, 알맞지 <u>않으면</u> ✕표 해 보자.

(1) $(-1, 2)$의 x좌표는 음수, y좌표는 양수이므로 <u>제2사분면</u> 위의 점이다. (　　　)

(2) 두 수직선이 점 O에서 서로 수직으로 만날 때, 가로의 수직선인 x축과 세로의 수직선인 y축을 <u>좌표</u>라고 한다. (　　　)

과학 [253005-0169]

9 문장에 알맞은 단어를 ( ) 안에서 골라 ○표 해 보자.

> 액체와 (고체 , 기체)는 담는 용기에 따라 모양이 변하고, 액체와 (고체 , 기체)는 담는 용기가 바뀌어도 부피가 일정하다.

4주차 어휘력 테스트

과학 [253005-0170]

10 문장에 알맞은 단어를 (　) 안에서 골라 ○표 해 보자.

> 소금물이 든 물컵을 뜨거운 햇볕에 며칠 두었더니 물이 (확산 , 증발)하고 소금만 남았다.

과학 [253005-0171]

11 문장에 알맞은 단어를 (　) 안에서 골라 ○표 해 보자.

(1) 겨울철 처마 끝에 고드름이 생기는 것은 물질의 상태 변화 중 (응고 / 액화)에 해당한다.

(2) 냉동실에 성에가 생기는 것은 물질의 상태 변화 중 (기화 / 승화)에 해당한다.

한자 [253005-0172]

12 뜻에 알맞은 단어가 되도록 보기 에서 글자를 찾아 써 보자.

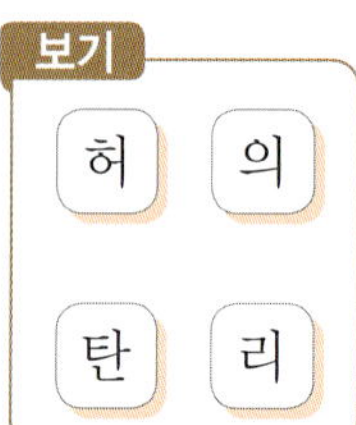

(1) 눈앞의 이익을 보면 옳은 것인지 먼저 생각함. → | 견 |　| 사 |　|

(2) 품은 생각을 터놓고 말할 만큼 아무 거리낌이 없고 솔직함.

→ |　| 심 |　| 회 |

영문법 [253005-0173]

13 문장의 종류를 보기 에서 찾아 써 보자.

보기			
감탄문	의문문	부정문	명령문

(1) Stand up.(일어나.) → (　　　　)

(2) I'm not a student.(나는 학생이 아니야.) → (　　　　)

(3) Do you like coffee?(커피 좋아하세요?) → (　　　　)

(4) What big hands you have!(손이 참 크구나!) → (　　　　)

찾아보기

『어휘가 문해력이다』에 수록된 모든 어휘를
과목별로 나누어 ㄱ, ㄴ, ㄷ, … 순서로 정리했습니다.

과목별로 뜻이 궁금한 어휘를 바로바로 찾아보세요!

차례

수학 교과서 어휘

"
어휘가
문해력이다
어휘 학습으로
문해력 키우기
"

1주차에서 학습한 어휘를 잘 알고 있는지 ✔ 해 보고,
잘 모르는 어휘는 해당 쪽으로 가서 다시 한번 확인해 보세요.

국어

☐ 운율	12	☐ 인물 ··· 20
☐ 상징	12	☐ 사건 ··· 20
☐ 비유	12	☐ 배경 ··· 20
☐ 원관념	12	☐ 갈등 ··· 20
☐ 직유법	12	☐ 소설 구성 단계 ··· 20
☐ 은유법	12	☐ 성장 ··· 20
☐ 의인법	12	

사회

☐ 위치	14	☐ 세계화 ··· 22
☐ 지리 정보	14	☐ 지역 ··· 22
☐ 자연환경	14	☐ 연결성 ··· 22
☐ 기후	14	☐ 공간적 상호 작용 ··· 22
☐ 지리적 관점	14	☐ 역동성 ··· 22
☐ 다양성	14	☐ 지리적 표시제 ··· 22
		☐ 등질화 ··· 22

수학

☐ 자연수	16	☐ 인수 ··· 24
☐ 약수	16	☐ 소인수 ··· 24
☐ 소수	16	☐ 소인수분해 ··· 24
☐ 합성수	16	☐ 공약수 ··· 24
☐ 거듭제곱	16	☐ 공배수 ··· 24
☐ 밑	16	☐ 서로소 ··· 24
☐ 지수	16	

과학

☐ 과학적 탐구	18	☐ 생명 활동 ··· 26
☐ 문제 인식	18	☐ 세포 ··· 26
☐ 가설 설정	18	☐ 세포막 ··· 26
☐ 탐구 설계 및 수행	18	☐ 세포벽 ··· 26
☐ 자료 해석	18	☐ 세포소기관 ··· 26
☐ 결론 도출	18	☐ 생물 ··· 26
☐ 변인	18	

한자

☐ 공명정대	28
☐ 공식	28
☐ 공고	28
☐ 자전	28
☐ 전화위복	28

영문법

☐ 주어	30
☐ 서술어	30
☐ 목적어	30
☐ 보어	30

2주차 어휘 학습 점검

2주차에서 학습한 어휘를 잘 알고 있는지 ✔ 해 보고,
잘 모르는 어휘는 해당 쪽으로 가서 다시 한번 확인해 보세요.

문·해·력·은 EBS

당신의 문해력

중학

어휘가 문해력 이!다

중학 1학년 1학기

교과서 어휘 완성

정답과 해설

"EBS 중학프리미엄"

EBS 중학프리미엄이면,
기본부터 응용까지 **중학 학습 완벽 해결!**

(*2024.7월 기준)

EBS 교재 강좌

☑ EBS 전용 교재로 수준별/단계별 맞춤 학습!
☑ 내신 기본서+과목별 특화 강좌 총 망라!
☑ 기본부터 탄탄하게 다지는 중학 공부!

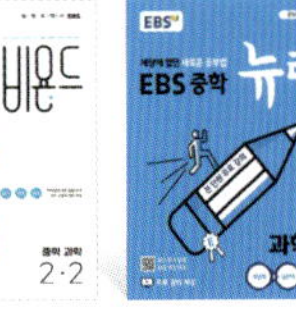

교과서·참고서 강좌

☑ 교과서별 내신 강좌로 학교 시험 완벽 대비!
☑ 시중 유명 참고서·학습서 해설 강의 제공!
☑ 다양한 주제와 빈틈없는 커리큘럼!

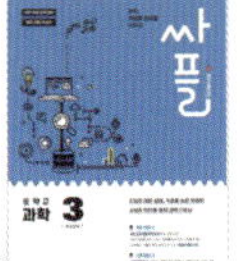
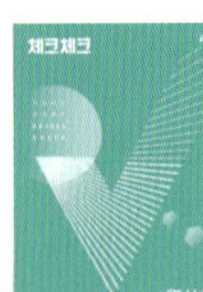

EBS 중학 회원이라면,
누구나 중학프리미엄 0원 프리패스!

☑ **연간 약 710,000원**의 프리패스가 무료!
☑ 중학생의 **자기주도학습**이 즐거워진다!

무료 신청하기
버튼 클릭

→

신청을 위한
개인정보 이용동의

→

개인정보 입력
(지역/학년/학교)

→

프리패스 강좌
무료로 이용하기

한눈에 보는 정답 

1주차 1회 확인문제

국어

1 (1) 상징 (2) 비유 (3) 운율

2 (1) 원관념, 보조 관념 (2) 직유법 (3) 은유법

3 (1) 상징 (2) 의인법 (3) 은유법 (4) 직유법

사회

1

2 (1) 자연환경 (2) 인문환경

3 (1) 수리적 (2) 상대적 (3) 지리적

1주차 2회 확인문제

수학

1

합	성	수	❹지	구	본
가	공	❶약	수	터	성
❷사	전	❸거	말	단	밑
연	자	래	듭	처	아
수	전	소	득	제	당
월	화	수	목	금	곱

2 소수, 합성수

3 (1) 거듭제곱

　　(2) 밑, 지수

　　(3) 소수

　　(4) 합성수

과학

1

2 (1) 변인 (2) 가설 설정

　　(3) 자료 해석 (4) 과학적 탐구

3 ［ⓒ］　［ⓛ］　［ⓙ］

1주차 3회 확인문제

국어

1

결	단	소	전	❹갈
장	❶사	건	정	등
발	말	평	❷인	면
❸배	개	물	성	훈
경	기	위	절	입

2 (1) ○ (2) ✕ (3) ○

3 (1) 인물 (2) 배경

　　(3) 사건 (4) 갈등

사회

1 ［ⓒ］　［ⓙ］　［ⓛ］

2 (2) ○ (3) ○

3 (1) 공간적 상호 작용 (2) 지리적 표시제

1주차 4회 확인문제

수학

1 ［ⓜ］　［ⓛ］　［ⓔ］　［ⓒ］　［ⓙ］

2 (1) 최대공약수 (2) 최소공배수 (3) 인수

3 (1) 공약수 (2) 서로소

과학

1 (1) 세포소기관 (2) 세포벽 (3) 세포

2 (1) 핵 (2) 마이토콘드리아 (3) 엽록체

3

1주차 5회 확인문제

한자

1

2 (2) ○

3 (1) 공고 (2) 자전

　　(3) 공명정대 (4) 전화위복

영문법

1

❸목	관	❹보	어
서	적	형	속
대	❶주	어	능
민	❷서	술	어

2

3 (1) ○ (2) ✕ (3) ✕ (4) ○

1주차 어휘력 테스트

1 비유　　**2** (1) 상징 (2) 비유 (3) 운율　　**3** (1) 배경 (2) 인물 (3) 갈등　　**4** 위치, 기후　　**5**

6 연결성　　**7** (1) ○ (2) ✕　　**8** (1) 소인수 (2) 공배수　　**9** (3) ○　　**10** (1) ○ (2) ✕

11　　**12** (1) 전화위복 (2) 공명정대　　**13** (1) 주어 (2) 서술어 (3) 목적어

2주차 1회 확인문제

국어

1 (1) 목적 (2) 구조 (3) 요약

2 (매칭 선 연결)

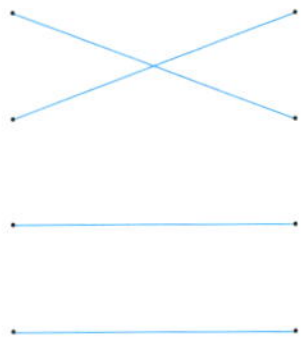

3 (1) 요약 (2) 목적 (3) 전개 방식

사회

1 (매칭 선 연결)

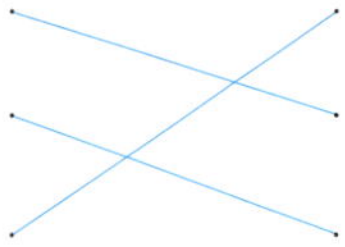

2 (1) 발상지 (2) 종교 갈등

3 (1) 산맥 (2) 계절풍 (3) 발상지

2주차 2회 확인문제

수학

1 (매칭 선 연결)

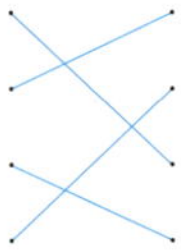

2 (1) 수직선 (2) 음의 정수 (3) 양의 유리수

3 ❹

과학

1 (매칭 선 연결)

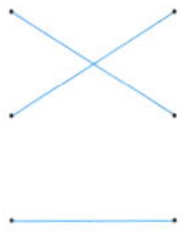

2 (1) 생태계 (2) 분류 (3) 변이 (4) 기관

3 (1) 생물의 분류 (2) 생물분류체계 (3) 생물다양성

2주차 3회 확인문제

국어

1 (1) 선정 (2) 검색 (3) 개요 (4) 보고서

2 (1) ○

3 (1) 개요 (2) 검색 (3) 정보

사회

1 ⓛ ⓒ ㉠

2 (매칭 선 연결)

3 (1) 첨단 산업 (2) 풍부 (3) 인구 구조

2주차 4회 확인문제

수학

1 (1) E (2) C (3) A (4) D

2 (1) 교환, 결합 (2) 분배

과학

1 (매칭 선 연결)

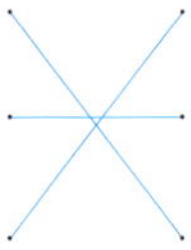

2 (1) ㉠ (2) ㉢ (3) ㉡

3 (1) 생물다양성 보전 (2) 생태계 평형

2주차 5회 확인문제

한자

1 (1) 동일 (2) 동고동락 (3) 명실상부 (4) 동창

2 (3) ○

3 (1) 동일 (2) 명실상부 (3) 동고동락

영문법

1 (매칭 선 연결)

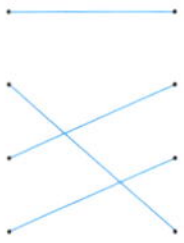

2 형용사 부사 명사 동사

3 (1) × (2) × (3) ○ (4) ○

2주차 어휘력 테스트

1 (1) ○ (2) × (3) ○
2 재구성
3 쓰기 윤리
4 종교 갈등
5 ②

6 (1) ㉠ — 고령화 — 노인 복지와 같은 사회 보장 제도를 마련한다.
(2) ㉡ — 저출산 — 출산과 육아에 대한 지원을 강화하는 정책을 편다.

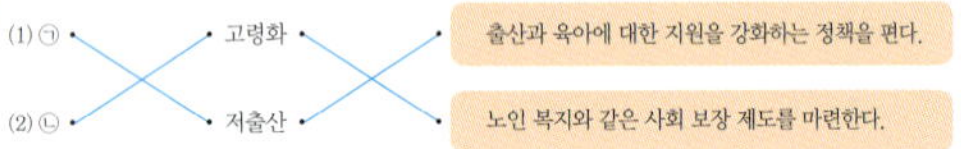

7 (1) 양수, 음수 (2) 정수
8 (1) × (2) ×

9 (1) ○ (2) ○ (3) ×
10 계, 종

11 (1) 있는 (2) 없는
12 (1) 동고동락 (2) 명실상부
13 (1) ○ (2) × (3) ×

국어

1 품사   **2** (선 잇기)

3 ㉣   ㉢   ㉠   ㉡

사회

1 (선 잇기)   **2** (1) 탄소   (2) 재생   (3) 지속

3 (1) 통합   (2) 분리

수학

1 (1) 가로: 상수항 / 세로: ❶단, ❷상, 식 → 상수항, 다항식
   (2) ❶일, ❷차수, ❸다항식 → 일차수, 다항식

2 (1) 계수   (2) 다항식   (3) 항   (4) 대입   (5) 식의 값

3 (1) ○   (2) ×   (3) ○   (4) ×

과학

1 (선 잇기)   **2** (1) 열화상   (2) 온도

           (3) 입자   (4) 에너지

3 (1) 열평형   (2) 온도계

국어

1 (선 잇기)   **2** ①

3 (1) ○   (2) ×

4 (1) 관형사   (2) 감탄사

사회

1 ㉢   ㉠   ㉡

2 (선 잇기)

3 (1) 적도   (2) 천연자원   (3) 토속 신앙

수학

1 ㉤   ㉣   ㉠   ㉡   ㉢

2 (1) 항등식   (2) 이항   (3) 좌변, 우변

3 (1) ○   (2) ×   (3) ×   (4) ○

과학

1 ㉠   ㉡   ㉢

2 (1) 전도   (2) 대류

3 (1) 복사   (2) 열팽창   (3) 비열

한자

1 (선 잇기)   **2** (1) ○   (2) ×   (3) ○

3 (1) 송구영신   (2) 중언부언

영문법

1 (선 잇기)

2

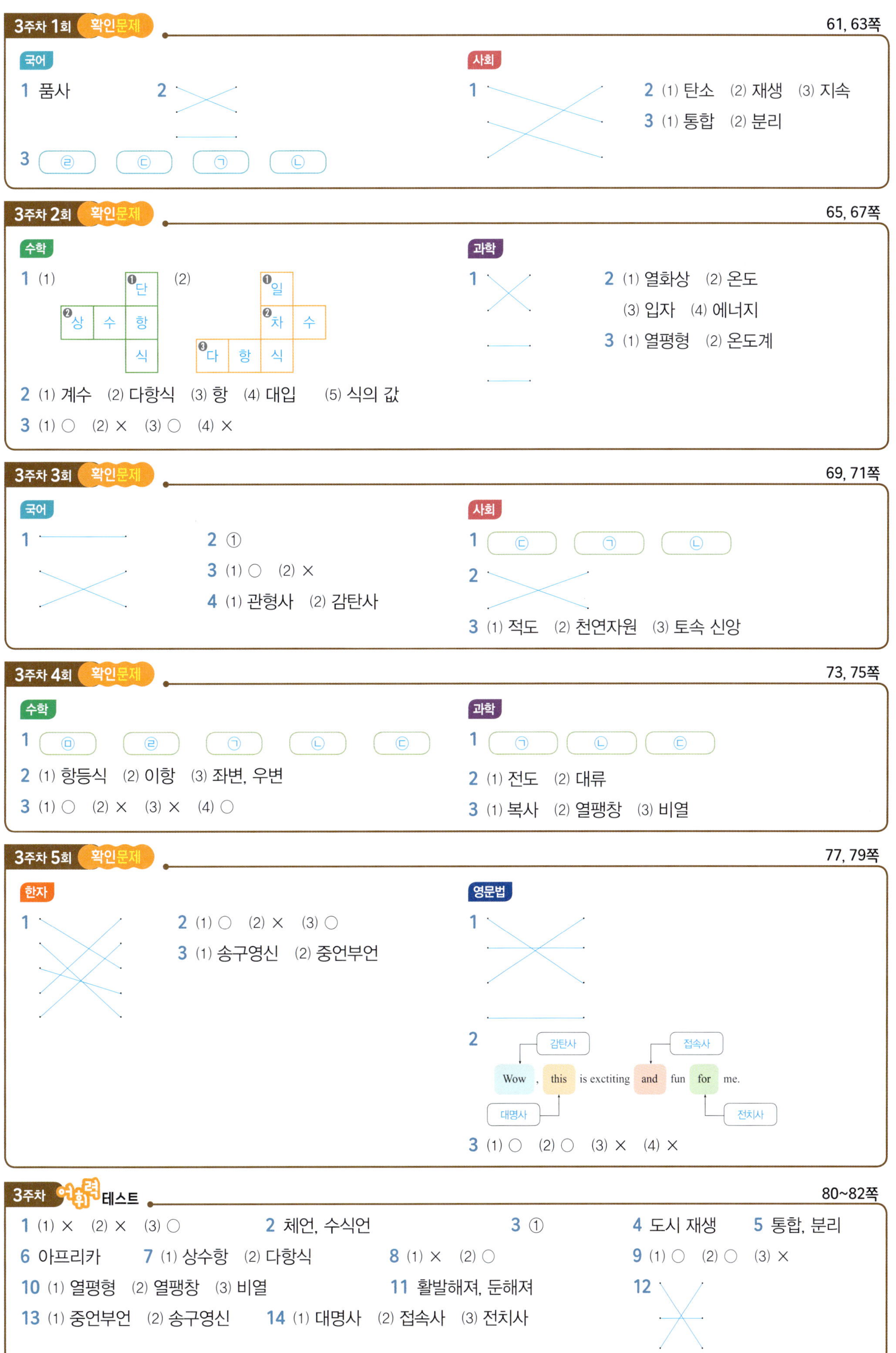

3 (1) ○   (2) ○   (3) ×   (4) ×

---

1 (1) ×   (2) ×   (3) ○   **2** 체언, 수식언   **3** ①   **4** 도시 재생   **5** 통합, 분리

6 아프리카   **7** (1) 상수항   (2) 다항식   **8** (1) ×   (2) ○   **9** (1) ○   (2) ○   (3) ×

10 (1) 열평형   (2) 열팽창   (3) 비열   **11** 활발해져, 둔해져   **12** (선 잇기)

13 (1) 중언부언   (2) 송구영신   **14** (1) 대명사   (2) 접속사   (3) 전치사

4주차 1회 확인문제 85, 87쪽

국어

1 단서 관점 의도 추론

2 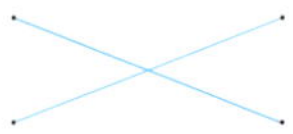

3 (1) 비언어 (2) 준언어

사회

1 (1) 대평원 (2) 원주민 (3) 무역 장벽 (4) 식민 지배

2 (1) 문화 정체성 (2) 문화 혼종성

3 (1) 혼혈 (2) 원주민 (3) 초국적

4주차 2회 확인문제 89, 91쪽

수학

1 (1) E (2) C (3) A (4) B

2 (1) 좌표평면 (2) x축, y축 (3) 사분면

3 (1) x좌표 (2) 제3사분면 (3) y좌표, x축

과학

1 ㉠ ㉢ ㉡

2 (1) 변하고 (2) 변하지 않고 (3) 변하지 않고

3 (1) 확산 (2) 증발 (3) 상태 변화

4주차 3회 확인문제 93, 95쪽

국어

1 ㉠ ㉡ ㉣ ㉢

2 (1) × (2) ○ (3) ○

3 (1) 블로그 (2) 매체 (3) 생산자 (4) 언어폭력

사회

1 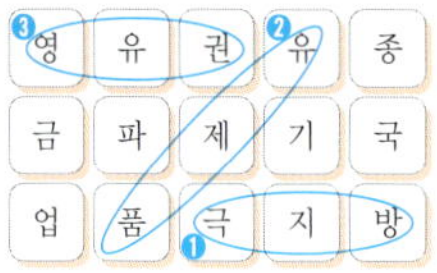

2 (1) 해양 쓰레기 (2) 영유권
(3) 지하자원 (4) 유제품

3 (1) 해수면 상승
(2) 해양 쓰레기 (3) 극지방

4주차 4회 확인문제 97, 99쪽

수학

1 (1) 변수 (2) 그래프

2 (1) 정비례 (2) 반비례 (3) 정비례 (4) 반비례

3 (1) 정비례 관계, 직선
(2) 반비례 관계, 만나지 않는, 곡선

과학

1 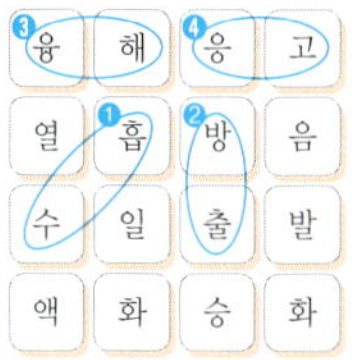

❶ 흡수 ❷ 방출
❸ 융해 ❹ 응고

2 (1) 기화 (2) 액화
(3) 융해 (4) 승화

3 (1) 기화 (2) 액화 (3) 승화

4주차 5회 확인문제 101, 103쪽

한자

1 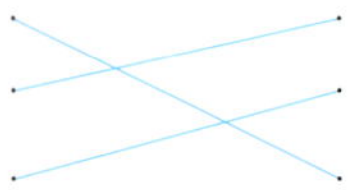

2 (1) 견리사의 (2) 허심탄회

3 (1) 허약 (2) 견리사의 (3) 정의 (4) 허심탄회

영문법

1 (1) 감탄문 (2) 의문문 (3) 부정문 (4) 명령문

2 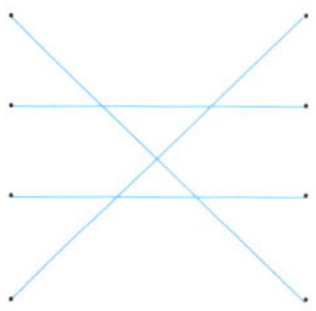

3 ❷

4주차 어휘력 테스트 104~106쪽

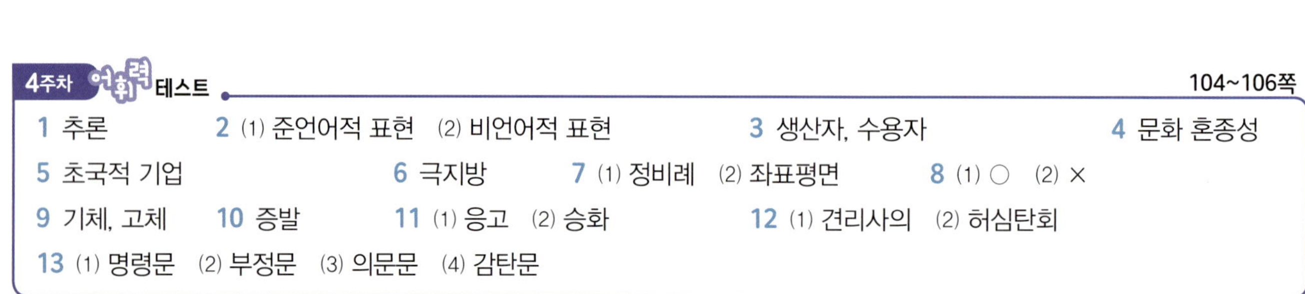

1 추론 2 (1) 준언어적 표현 (2) 비언어적 표현 3 생산자, 수용자 4 문화 혼종성

5 초국적 기업 6 극지방 7 (1) 정비례 (2) 좌표평면 8 (1) ○ (2) ×

9 기체, 고체 10 증발 11 (1) 응고 (2) 승화 12 (1) 견리사의 (2) 허심탄회

13 (1) 명령문 (2) 부정문 (3) 의문문 (4) 감탄문

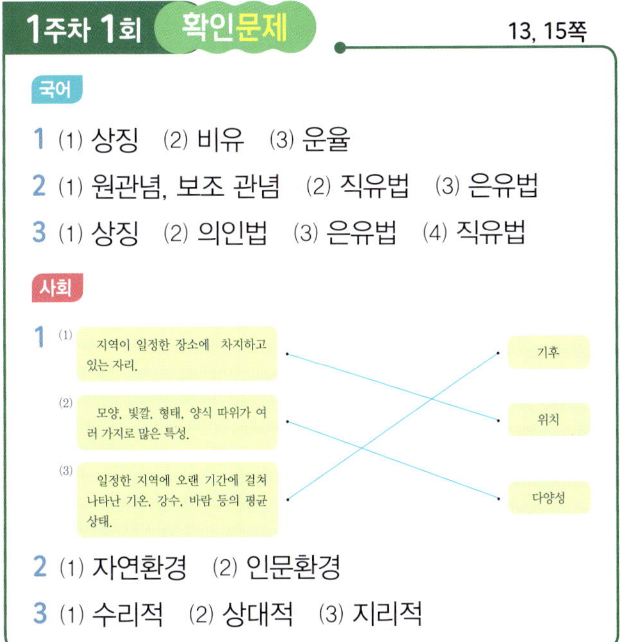

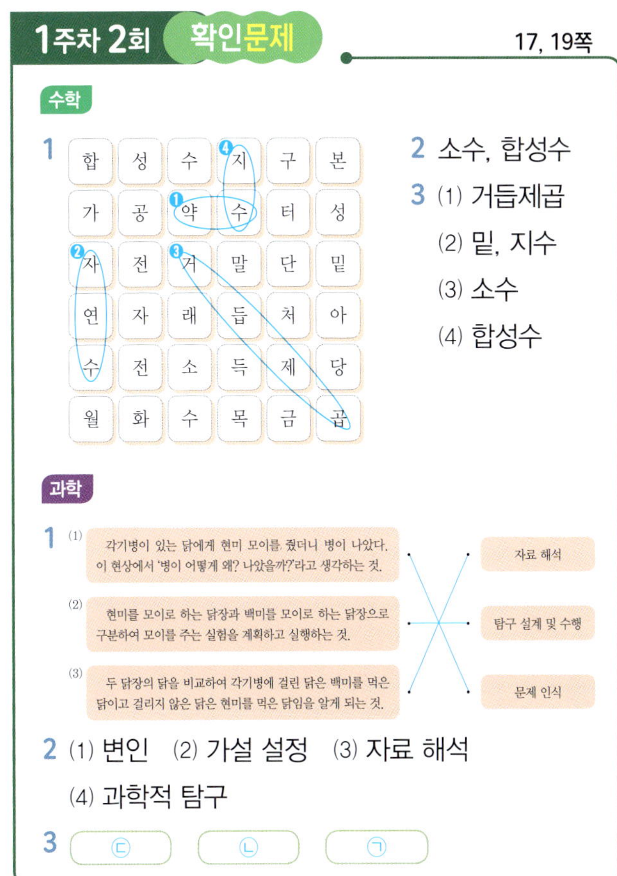

국어

2 (1) 비유에서 표현하려고 하는 실제 대상을 '원관념'이라고 하고, 빗대어 표현하는 대상을 '보조 관념'이라고 한다. (2) '같이', '처럼', '듯이' 등을 사용해 표현하고자 하는 대상을 다른 대상에 직접 빗대어 표현하는 방법을 '직유법'이라고 한다. (3) '무엇은 무엇이다'의 형태로 표현하려는 대상을 이어 주는 말 없이 다른 대상에 빗대어 표현하는 방법을 '은유법'이라고 한다.

3 (1) '사람들을 힘들게 하는 것, 어두운 미래' 같은 추상적인 것을 '비바람'이라고 구체적으로 표현했으므로 '상징'이 알맞다. (2) 달이 사람처럼 웃는다고 표현했으므로 '의인법'이 알맞다. (3) '내 마음'을 이어 주는 말 없이 '무엇은 무엇이다'의 형태로 '갈대'에 비유했으므로 '은유법'이 알맞다. (4) '아버지의 품'을 '바다'에 직접 비유했으므로 '직유법'이 알맞다.

사회

2 (1) 인간 생활을 둘러싸고 있는 기후, 지형, 식생과 같은 자연계의 모든 요소가 이루는 환경을 '자연환경'이라고 한다. (2) 자연환경을 바탕으로 인간이 만든 문화, 교통, 산업 등의 환경을 '인문환경'이라고 한다.

3 (1) 절대적 위치는 다시 위도와 경도로 나타내는 '수리적 위치'와 대륙, 산맥, 해양 등으로 나타내는 지리적 위치로 나뉜다. (2) 주변 지역과의 정치·문화·경제적 관계에 따라 변하는 위치는 '상대적 위치'이다. (3) '지리적 관점'은 지역의 다양한 특성을 위치, 자연환경, 인문환경 등을 바탕으로 이해하는 것으로, 지리적 관점으로 바라보면 지역 간의 다양성을 이해하게 된다.

교과서 어휘 12쪽 운율 / 상징 / 비유 / 원관념 / 직유법 / 은유법 / 의인법
교과서 어휘 14쪽 위치 / 지리 정보 / 자연환경 / 기후 / 지리적 관점 / 다양성

수학

2 1보다 큰 자연수 중에서 약수가 1과 자기 자신뿐인 수를 '소수'라고 하고, 1과 그 수 자신 이외의 다른 수를 약수로 가지는 수를 '합성수'라고 한다.

3 (1) $5 \times 5 \times 5$를 거듭제곱으로 나타내면 5^3이다. (2) $5 \times 5 \times 5$를 5^3으로 나타낼 때 거듭해서 곱한 수 5는 밑이고, 곱한 횟수를 나타내는 수 3은 지수이다. (3) 3은 1과 자기 자신 3만을 약수로 가지므로 '소수'이다. (4) $6 = 1 \times 6$, $6 = 2 \times 3$에서 6의 약수는 1, 2, 3, 6으로 1과 자기 자신 이외의 2, 3을 약수로 더 가지므로 '합성수'이다.

과학

1 (1) 각기병이 있는 닭이 현미를 먹고 병이 낫는 것에 의문을 갖는 것이므로 '문제 인식'이 알맞다. (2) 현미와 백미로 구분하여 모이를 주는 탐구 실험을 계획하고 실행하는 것이므로 '탐구 설계 및 수행'이 알맞다. (3) 탐구 수행 과정을 통해 얻은 두 닭장의 닭을 비교하여 의미를 찾는 것이므로 '자료 해석'이 알맞다.

교과서 어휘 16쪽 자연수 / 약수 / 소수 / 합성수 / 거듭제곱 / 밑 / 지수
교과서 어휘 18쪽 과학적 탐구 / 문제 인식 / 가설 설정 / 탐구 설계, 수행 / 자료 해석 / 결론 도출 / 변인

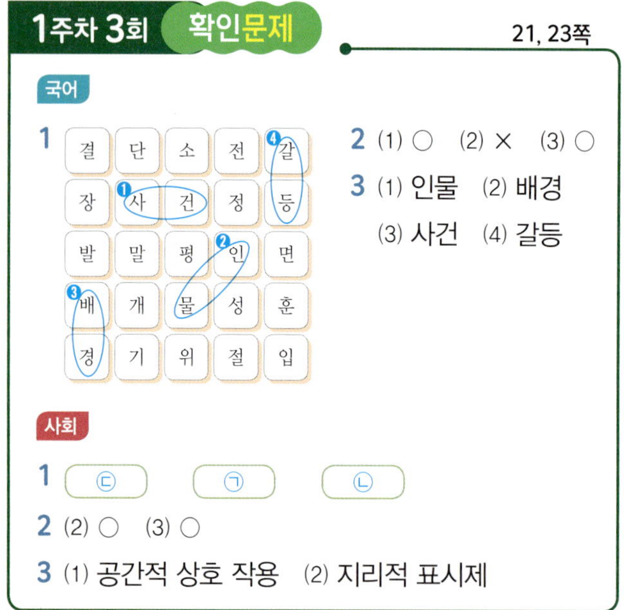

국어

2 (2) 소설 구성 단계에서 인물, 배경 등이 소개되고 사건이 시작되는 단계는 '발단'이다. '전개' 단계에서는 사건이 진행되면서 갈등이 나타난다. (3) 소설 구성 단계에서 갈등이 가장 심해지면서 갈등 해결의 실마리가 제시되는 단계는 '절정'이다.

3 (1) 자라와 토끼는 작품 속에 등장하는 의인화된 대상이므로 '인물'이 알맞다. (2) '옛날 옛적 남해의 용궁'은 사건이 벌어지는 시간과 공간이므로 '배경'이 알맞다. (3) 인물이 벌이거나 겪는 일을 뜻하는 '사건'이 알맞다. (4) 토끼가 용궁으로 갈지 말지 고민하고 있으므로 '갈등'이 알맞다.

사회

2 (1) '지역'은 다른 곳과 구별되는 특성이 나타나는 공간적 범위를 뜻한다. 땅의 생긴 모양이나 형태를 뜻하는 단어는 '지형'이다. (2) '국제(global)'와 '현지(local)'의 합성어로, 지역의 특성을 살린 지역 중심의 세계를 '글로컬'이라고 한다. (3) 국경을 넘어 세계가 경제, 문화 등의 영역에서 하나의 지역처럼 통합되어 가는 현상을 '세계화'라고 한다.

3 (1) '공간적 상호 작용'은 정치, 경제, 사회, 문화 등 모든 영역에서 이루어지는데, 이에 따라 기술 및 경제 협력, 무역 증진 등 국가적으로는 상호 협력에 따른 발전이 가능해졌지만, 인구와 물자의 빈번한 이동에 따른 환경 문제와 같은 부정적인 영향도 있다. (2) '지리적 표시제'에 따라 지역 생산자는 법의 보호를 받을 수 있고, 소비자는 지역 특산물을 믿고 구입할 수 있다.

> **교과서 어휘 20쪽** 인물 / 사건 / 배경 / 갈등 / 소설 구성 단계 / 성장
> **교과서 어휘 22쪽** 세계화 / 지역 / 연결성 / 공간적 상호 작용 / 역동성 / 지리적 표시제 / 등질화

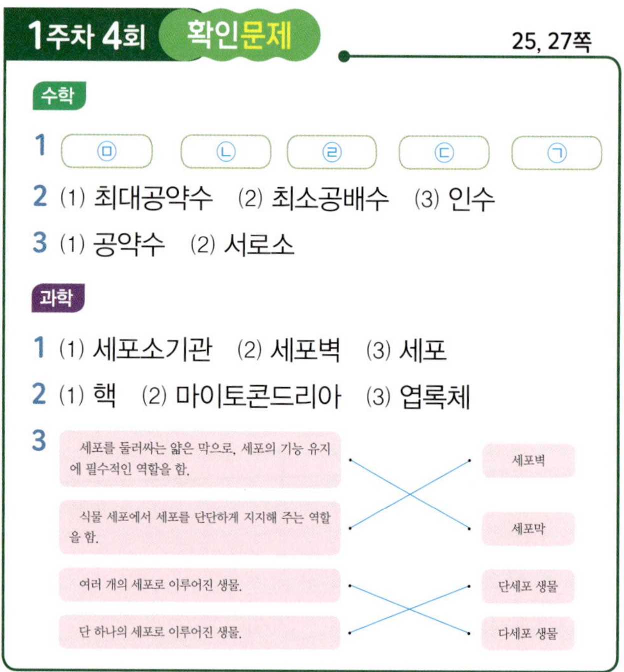

수학

2 (1) 공약수 중에서 가장 큰 수는 '최대공약수'이다. (2) 공배수 중에서 가장 작은 수는 '최소공배수'이다. (3) 어떤 수를 2개 이상의 수의 곱으로 나타낼 때 각각의 수는 '인수'이다.

3 (1) 1과 2는 4와 6의 공통인 약수이므로 '공약수'가 알맞다. (2) 5와 12는 공약수가 1뿐이므로 '서로소'이다.

과학

2 (1) 세포의 생명 활동을 조절하는 식물 세포와 동물 세포에 모두 있는 세포소기관으로, 가리키는 것은 '핵'이다. (2) 세포의 생명 활동에 필요한 에너지를 만드는 식물 세포와 동물 세포에 모두 있는 세포소기관으로, 가리키는 것은 '마이토콘드리아'이다. (3) 빛을 이용하여 광합성을 하는 식물 세포에만 존재하는 세포소기관으로, 가리키는 것은 '엽록체'이다.

3 (1) '세포막'은 세포를 둘러싸고 있는 막으로, 세포 안팎으로 물질의 출입을 조절한다. (2) 식물 세포에만 있는 '세포벽'은 세포막에 비해 두껍고 단단하여 세포를 보호하고, 세포의 모양을 일정하게 유지해 준다. (3) '다세포 생물'은 모양과 기능이 다른 여러 가지 세포들이 모여 생명 활동을 해 나간다. (4) '단세포 생물'은 모든 생명 활동이 하나의 세포에서 일어난다.

> **교과서 어휘 24쪽** 인수 / 소인수 / 소인수분해 / 공약수 / 공배수 / 서로소
> **교과서 어휘 26쪽** 생명 활동 / 세포 / 세포막 / 세포벽 / 세포소기관 / 생물

한자

1
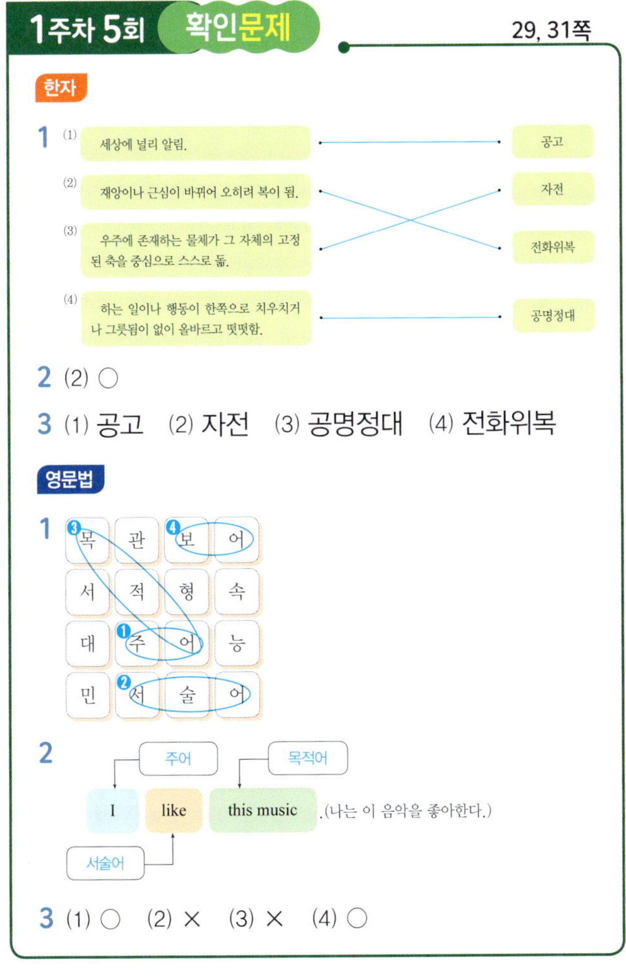

2 (2) ○

3 (1) 공고　(2) 자전　(3) 공명정대　(4) 전화위복

영문법

1

2

3 (1) ○　(2) ×　(3) ×　(4) ○

한자

2 (1)과 (3)의 '공식'은 국가나 사회가 인정한 방식을 뜻하고, (2)의 '공식'은 수학 계산, 과학에서 법칙을 수식이나 기호로 나타낸 것을 뜻한다.

3 (1) 신문을 통해 세상에 널리 알린다는 뜻이므로 '공고'가 알맞다. (2) 지구가 자전축을 중심으로 스스로 도는 것을 뜻하는 '자전'이 알맞다. (3) 수사를 올바르고 공정하게 해 달라고 요구하는 것이므로 '공명정대'가 알맞다. (4) 안 좋았던 일이 계기가 되어 오히려 좋은 결과가 생겼으므로 '전화위복'이 알맞다.

영문법

2 I는 '나는'이라는 의미의 '주어'이고, like는 '좋아하다'라는 의미의 '서술어'이며, this music은 '이 음악을'이라는 의미의 '목적어'이다.

3 (1) My brorher(내 형)는 plays(운동하다)의 주체이므로 '주어'이다. (2) 자전거를 타는 것이므로 rides(타다)는 '서술어'이다. (3) thieves(도둑들)는 경찰관들이 잡는 대상이므로 '목적어'이다. (4) 주어인 My classmates(반 친구들)의 행동을 나타내는 말이므로 go on(가다)은 '서술어'이다.

교과서 어휘 28쪽 공명정대 / 공식 / 공고 / 자전 / 전화위복
교과서 어휘 30쪽 주어 / 서술어 / 목적어 / 보어

---

1 비유　**2** (1) 상징　(2) 비유　(3) 운율

3 (1) 배경　(2) 인물　(3) 갈등

4 위치, 기후

5
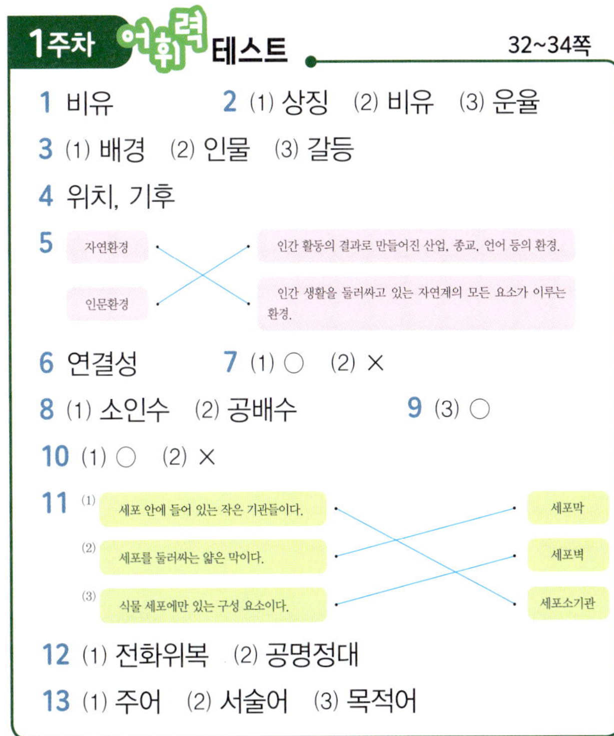

6 연결성　**7** (1) ○　(2) ×

8 (1) 소인수　(2) 공배수　　**9** (3) ○

10 (1) ○　(2) ×

11

12 (1) 전화위복　(2) 공명정대

13 (1) 주어　(2) 서술어　(3) 목적어

---

2 (1) '상징'은 표현하려고 하는 추상적인 개념(행운)을 직접 드러내지 않고 구체적인 대상(네잎클로버)으로 나타내는 방법이다. (2) 비유는 표현하려는 대상을 다른 대상에 빗대어 나타내는 표현 방법이다. 이때 표현하려는 대상인 '달(보름달)'을 원관념이라고 하고, 빗대어 나타낸 '쟁반'을 보조 관념이라고 한다. (3) 운율은 시의 언어에 흐름과 아름다움을 더해 주고 운율이 깃든 시는 단순한 글자를 넘어 낭송을 통해 감동과 즐거움을 선사한다.

4 지역이 일정한 장소에 차지하고 있는 자리를 뜻하는 단어는 '위치'이고, 일정한 지역에 오랜 기간에 걸쳐 나타난 기온, 강수, 바람 등의 평균 상태를 뜻하는 단어는 '기후'이다.

7 (1) '밑'은 거듭제곱에서 여러 번 곱한 수나 문자를 뜻하므로 2^3에서 2는 '밑', 3은 '지수'이다. (2) 1과 그 수 자신만을 약수로 가지는 자연수는 '소수'이다.

8 (1) 약수 중에서 소수인 약수를 '소인수'라고 한다. (2) 둘 이상의 수에서 공통인 배수를 '공배수'라고 한다.

9 (1) $3+3+3+3=3\times4=12$ (2) 5^3에서 지수는 3이다.

10 (1) 생명 활동이 일어나는 기본 단위는 세포이므로 옳다. (2) 세포막은 동물 세포와 식물 세포에 공통으로 들어 있지만 세포벽은 식물 세포에만 들어 있으므로 옳지 않다.

11 (1) 세포 안에 들어 있는 작은 기관들로, 핵, 마이토콘드리아, 엽록체와 같이 특정한 기능을 하는 세포 내 구조물은 '세포소기관'이다. (2) 세포를 둘러싸는 얇은 막으로 세포의 기능 유지에 필수적인 역할을 하는 것은 '세포막'이다. (3) 식물 세포에만 있는 구성 요소로, 세포의 모양을 일정하게 유지하는 비교적 두껍고 단단한 구조는 '세포벽'이다.

[국어]

1 (1) 목적   (2) 구조   (3) 요약

2
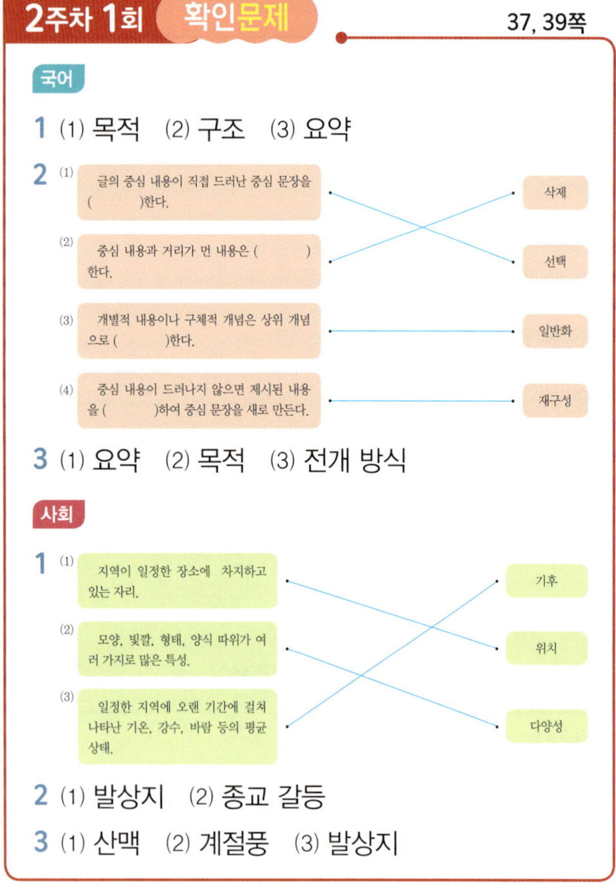

3 (1) 요약   (2) 목적   (3) 전개 방식

[사회]

1

2 (1) 발상지   (2) 종교 갈등

3 (1) 산맥   (2) 계절풍   (3) 발상지

[국어]

2 (1) 중심 문장을 선택한다. (2) 반복되거나 덜 중요한 내용으로, 중심 내용과 거리가 먼 내용은 삭제한다. (3) 구체적 내용이나 세부 정보는 그 단어를 포괄하는 상위 개념으로 일반화한다. (4) 중심 내용이 드러나지 않으면 주요 내용을 바탕으로 재구성하여 새로운 중심 문장을 만든다.

3 (1) 논설문을 요약하는 방법을 설명하므로 '요약'이 알맞다. (2) 글을 읽는 목적에 따라 중심 내용이 다를 수 있음을 설명하므로 '목적'이 알맞다. (3) 내용의 전개 방식 중의 하나인 '선경후정'을 설명하므로 '전개 방식'이 알맞다.

[사회]

2 (1) 아시아는 불교, 힌두교, 이슬람교 등의 종교가 처음 나타난 종교의 '발상지'이다. (2) 종교는 종종 개인이나 집단 사이에 종교가 달라 서로 충돌하는 '종교 갈등'이 발생한다.

3 (2) 여름과 겨울에 대륙과 해양의 온도 차로 인해서 일년 주기로 풍향이 바뀌는 바람은 '계절풍'이다. (3) 메소포타미아의 티그리스·유프라테스강 유역, 이집트의 나일강 유역, 인도의 인더스강 유역, 중국의 황하 유역은 모두 세계의 문명이 처음으로 발생한 지역이므로 '발상지'가 들어가야 한다.

> **교과서 어휘 36쪽** 요약 / 중심 문장 / 재구성 / 구조 / 목적 / 전개 방식
> **교과서 어휘 38쪽** 생활 양식 / 문화 경관 / 발상지 / 산맥 / 계절풍 / 곡창 지대 / 종교 갈등

[수학]

1
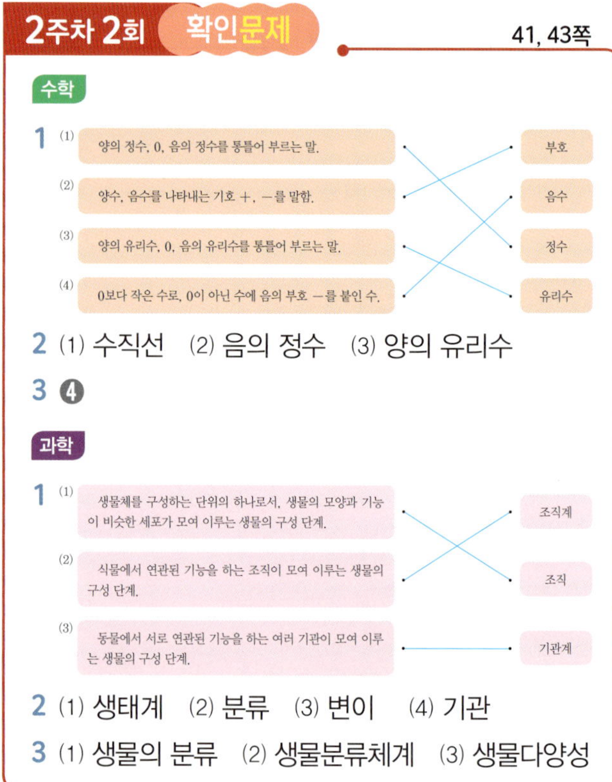

2 (1) 수직선   (2) 음의 정수   (3) 양의 유리수

3 ❹

[과학]

1

2 (1) 생태계   (2) 분류   (3) 변이   (4) 기관

3 (1) 생물의 분류   (2) 생물분류체계   (3) 생물다양성

[수학]

3 (1) 영하를 음의 부호로, 영상을 양의 부호로 나타낼 수 있다. (2) 양의 정수인 $+4$, 음의 정수인 -6, 0 모두 정수이다. (3) $-\dfrac{2}{3}$는 분자, 분모가 모두 자연수인 분수에 음의 부호 −를 붙인 수이므로 유리수 중 음의 유리수이다. (4) $+2$, $+\dfrac{2}{3}$는 모두 양의 부호 +를 가진 양수이다.

[과학]

1 (1) 근육세포가 모여 근육조직을 만드는 것과 같이 모양과 기능이 비슷한 세포가 모여 이루는 생명의 구성 단계를 '조직'이라고 한다. (2) 식물에서 연관된 기능을 하는 조직이 모여 이루는 생물의 구성 단계를 '조직계'라고 한다. (3) 동물에서 심장, 혈관으로 구성된 순환계와 같이 연관된 기능을 하는 생물의 구성 단계를 '기관계'라고 한다.

2 (1) 생태계를 이루는 환경이 다르면 환경에 적응하여 살아가는 생물의 종류도 다르므로 다양한 '생태계'가 유지된다. (2) 생물의 고유한 특징에 따라 무리 지어 나누는 것이므로 '분류'가 알맞다. (3) 같은 종류의 생물 사이에서 나타나는 생김새나 특성의 차이를 '변이'라고 한다. (4) 동물의 구성 단계는 '세포 → 조직 → 기관 → 기관계 → 개체'이다.

> **교과서 어휘 40쪽** 부호, 부호 / 양수 / 음수 / 정수, 정수 / 유리수 / 수직선
> **교과서 어휘 42쪽** 조직, 조직 / 기관 / 생태계 / 생물다양성 / 변이 / 분류 / 생물분류체계

국어

1 (1) 선정   (2) 검색   (3) 개요   (4) 보고서

2 (1) ○

3 (1) 개요   (2) 검색   (3) 정보

사회

1 ⓛ   ⓒ   ㉠

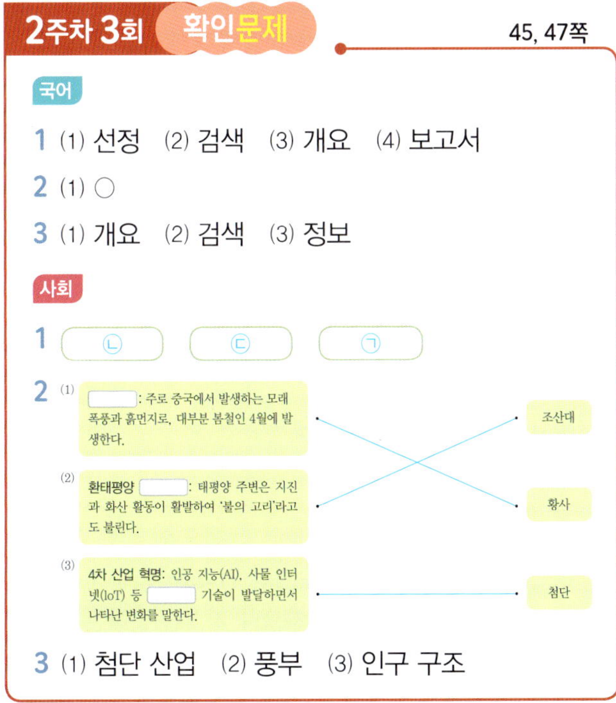

3 (1) 첨단 산업   (2) 풍부   (3) 인구 구조

국어

2 밑줄 친 '선정'은 '여러 가지 중에서 어떤 것을 골라서 정함.'이란 뜻으로 쓰였으며, 이와 같은 뜻으로 쓰인 것은 (1)의 '선정'이다.

3 (1) '글의 대략적인 내용을 알 수 있도록'으로 미루어 보아 '전체를 대강 알 수 있도록 뽑아 정리한 주요 내용'을 뜻하는 '개요'가 알맞다. (2) 컴퓨터로 자료를 찾는 것을 뜻하므로 '검색'이 알맞다. (3) 여행에 필요한 자료나 지식을 찾아본 것이므로 '정보'가 알맞다.

사회

2 (1) 누런 빛깔의 모래를 뜻하는 '황사'는 바람에 의해 하늘 높이 올라간 미세한 모래 먼지가 대기 중에 퍼져 있다가 서서히 떨지는 현상 또는 모래흙을 말한다. (2) 일본, 필리핀은 환태평양 조산대를 따라 늘어선 섬들로 이루어진 국가이다. (3) '4차 산업 혁명'은 인공 지능(AI), 사물 인터넷(IoT) 등 첨단 기술이 발달하면서 나타난 변화로 아시아에서는 첨단 기술의 발전으로 새로운 직업이 생기고 있다.

3 (1) 우리나라, 일본, 중국, 인도 등은 인공 지능(AI), 로봇 공학, 반도체 등 첨단 산업 분야에서 세계적인 경쟁력을 보유하고 있다. (2) 노동 집약적 제조업은 상대적으로 인건비가 저렴하고 노동력이 풍부한 동남아시아에서 발달하였다. (3) '인구 이동'은 사람들이 좋은 일자리, 높은 임금, 다양한 교육 기회 등을 찾아 이동하거나 낮은 임금, 좋지 못한 환경, 전쟁 등을 피해 이동하는 것을 말한다.

교과서 어휘 44쪽 선정 / 정보 / 예상 독자 / 검색 / 개요 / 쓰기 윤리 / 보고서
교과서 어휘 46쪽 황사 / 조산대 / 인구 구조 / 저출산 / 고령화 / 첨단 산업 / 노동 집약적

수학

1 (1) E   (2) C   (3) A   (4) D

2 (1) 교환, 결합   (2) 분배

과학

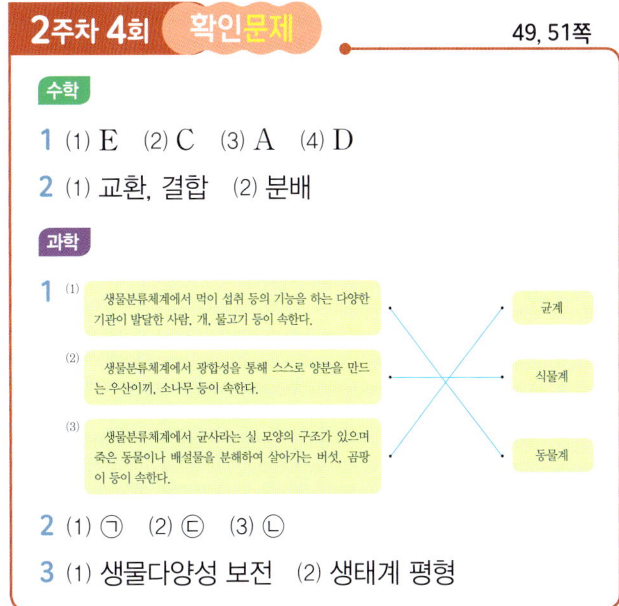

2 (1) ㉠   (2) ⓒ   (3) ⓛ

3 (1) 생물다양성 보전   (2) 생태계 평형

수학

1 절댓값은 수직선에서 원점과의 거리이다. 따라서 (1) 절댓값이 3인 양수는 +3으로 점 E이다. (2) 절댓값이 0인 수는 0으로 점 C이다. (3) 절댓값이 3인 음수는 −3으로 점 A이다. (4) 절댓값이 1.5인 수는 +1.5와 −1.5이므로 점 D이다.

2 (1) ❶ 순서를 바꾸어 계산해도 계산한 결과가 같으므로 '교환'이 알맞다. ❷ 세 수 이상을 계산할 때, 앞의 두 수를 먼저 계산한 결과와 뒤의 두 수를 먼저 계산한 결과가 같으므로 '결합'이 알맞다. (2) 괄호 밖의 것을 괄호 안에 골고루 분배해 계산해도 그 결과가 같으므로 '분배'가 알맞다.

과학

2 (1) 짚신벌레는 원생생물계에 속하므로 알맞은 것은 ㉠이다. (2) 버섯은 균계에 속하므로 알맞은 것은 ⓒ이다. (3) 포도상구균은 원핵생물계에 속하므로 알맞은 것은 ⓛ이다.

3 (1) 특정 생물종이 사라져도 이를 대신할 수 있는 생물이 있어 생물다양성을 유지하는 것을 '생물다양성 보전'이라고 한다. (2) 생태계를 이루는 생물의 종류와 수가 크게 변하지 않고 안정된 상태를 유지하는 것을 '생태계 평형'이라고 한다.

교과서 어휘 48쪽 절댓값 / 부등호 / 대소 관계 / 교환법칙 / 결합법칙 / 분배법칙
교과서 어휘 50쪽 동물계 / 식물계 / 균계 / 원생생물계 / 원핵생물계 / 생물다양성 보전

한자

1 (1) 동일 (2) 동고동락 (3) 명실상부 (4) 동창

2 (3) ○

3 (1) 동일 (2) 명실상부 (3) 동고동락

영문법

1
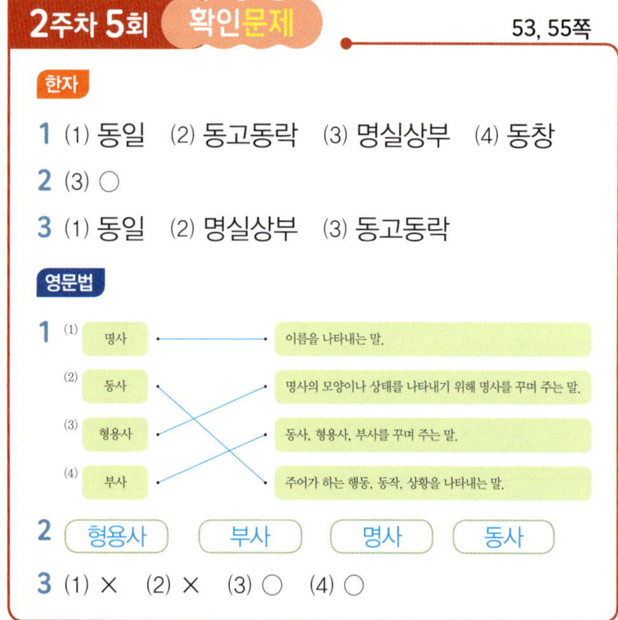

2 형용사　부사　명사　동사

3 (1) × (2) × (3) ○ (4) ○

한자

2 (1)과 (2)의 '명장'은 '기술이나 재주가 뛰어나 이름난 장인'을 뜻하고, (3)의 '명장'은 '잘 싸우고 용맹해 이름난 장수'를 뜻한다.

3 (1) 어떤 것과 비교해 똑같은 것을 뜻하는 '동일'이 알맞다. (2) 이름과 실제의 상황이 꼭 맞는 것을 뜻하는 '명실상부'가 알맞다. (3) 괴로움도 즐거움도 함께하는 것을 뜻하는 '동고동락'이 알맞다.

영문법

2 sleep은 '자다'라는 뜻으로 행위를 나타내는 '동사'이다. desk는 '책상'이라는 뜻으로 '명사'이다. mostly는 '주로'라는 뜻으로 '부사'이다. glad는 '기쁜'이라는 뜻으로 명사를 수식하는 '형용사'이다.

3 (1) 주어 All students(모든 학생들)의 행동을 나타내는 dance(춤추다)는 '동사'이다. (2) 주어로 쓰인 movie(영화)는 '명사'이다. (3) 명사 building을 꾸며 주는 tall(높은, 키 큰)은 '형용사'이다. (4) 형용사 hot(더운, 뜨거운)을 꾸며 주는 very(매우)는 '부사'이다.

1 (1) ○ (2) × (3) ○   **2** 재구성

3 쓰기 윤리   **4** 종교 갈등   **5** ②

6

7 (1) 양수, 음수 (2) 정수

8 (1) × (2) ×   **9** (1) ○ (2) ○ (3) ×

10 계, 종   **11** (1) 있는 (2) 없는

12 (1) 동고동락 (2) 명실상부

13 (1) ○ (2) × (3) ×

---

1 (2) '정보'는 관찰을 통해 수집한 자료를 실제 문제 해결에 도움이 되도록 정리한 자료나 지식을 뜻하는 단어이다. 부분이나 요소가 어떤 전체를 이루는 모양을 뜻하는 단어는 '구조'이다.

2 한 번 구성한 것을 다시 새롭게 구성함을 뜻하는 단어는 '재구성'이다. 요약의 방법으로는 선택, 삭제, 일반화, 재구성이 있다.

4 개인이나 집단 사이에 종교적 이념이 달라 서로 적대시하거나 충돌하는 일. 또는 그런 상태를 '종교 갈등'이라고 한다. 아시아 국가들은 종교 갈등을 해소하기 위해 문화의 다양성을 존중하고 있다.

5 ① '인구 이동'은 인구가 한 장소에서 다른 장소로 옮겨가는 것을 뜻하는 말이다. ② 연령별 남녀 비율을 나타낸 그래프를 인구 피라미드라고 하는데, 그래프를 보면 인구 구조를 한눈에 알 수 있다. '인구 구조'란 일정한 지역 안의 인구를 성별, 나이, 결혼 여부, 직업, 교육 정도 따위의 기준으로 나누어 본 짜임새를 말한다. ③ '인구 증가'란 인구가 늘어나는 것을 말한다. ④ '인구 감소'란 인구가 줄어드는 것을 말한다. ⑤ '생산 가능 인구'란 경제 활동이 가능한 연령인 청장년층에 해당하는 인구를 말한다.

11 (1) 식물계는 세포 안에 뚜렷한 핵이 있는 생물 무리이다. (2) '원핵생물계'는 핵막이 없어 핵의 형태가 없는 세포로 이루어진 생물 무리를 뜻한다.

12 (1) 괴로움도 즐거움도 함께한다는 뜻의 단어는 '동고동락'이다. (2) 이름과 실제의 상황이 꼭 맞는다는 뜻의 단어는 '명실상부'이다.

13 (2) has(가지고 있다)는 주어의 상태를 나타내는 '동사'이다. (3) brown(갈색의)은 뒤의 hair(머리)를 꾸며 주는 '형용사'이다.

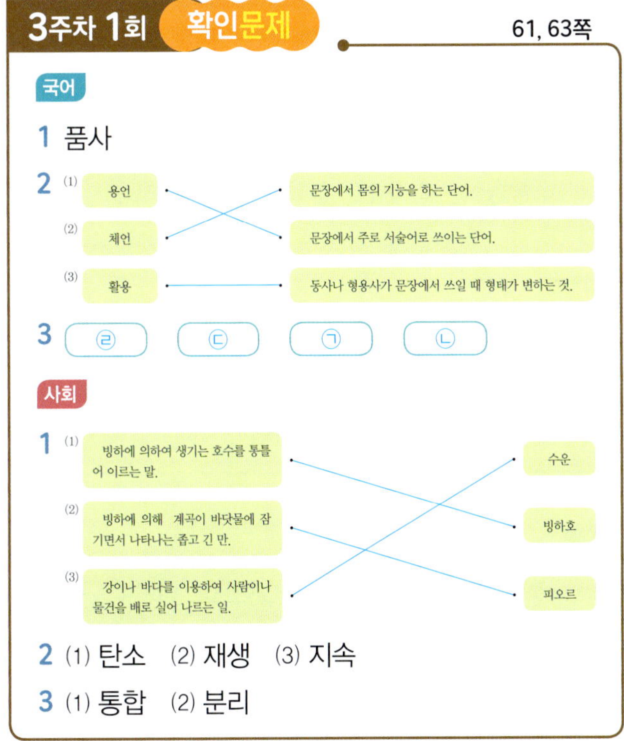

국어

1 '품사'는 공통된 성질을 가진 것끼리 묶은 단어의 갈래를 말하는 것으로, 우리말 품사는 명사, 대명사, 수사, 동사, 형용사, 관형사, 부사, 조사, 감탄사로 나눌 수 있다.

2 (1) 문장에서 주로 서술어로 쓰이는 동사와 형용사를 묶어 '용언'이라고 한다. (2) 문장에서 몸의 기능을 하는 단어로, 주어나 목적어 등을 묶어 '체언'이라고 한다. (3) 동사나 형용사는 문장에 따라 형태가 변하는데, 이를 '활용'이라고 한다.

사회

2 (1) 이산화 탄소의 순 배출량을 '0'으로 만드는 '탄소 중립'을 달성하려는 방안이 여러 면에서 추진되고 있다. (2) 쇠퇴하는 도시를 지역의 자원을 활용하여 경제적, 사회적, 물리적, 환경적으로 활성화하는 것을 '도시 재생'이라고 한다. (3) 기후 위기에 대응하여 환경을 보존하면서 삶의 질을 높이는 '지속가능'한 도시를 만들기 위해 유럽 각 도시는 여러 가지 노력을 하고 있다.

3 (1) '통합'은 둘 이상의 조직이나 기구 따위를 하나로 합침을 뜻하는 단어이다. (2) '분리'는 서로 나뉘어 떨어짐. 또는 그렇게 되게 하는 것을 뜻하는 단어이다.

교과서 어휘 60쪽 품사 / 체언 / 명사 / 수사 / 용언 / 동사 / 형용사
교과서 어휘 62쪽 수운 / 빙하호 / 혼합 농업 / 도시 재생 / 탄소 중립 / 통합 / 지속가능

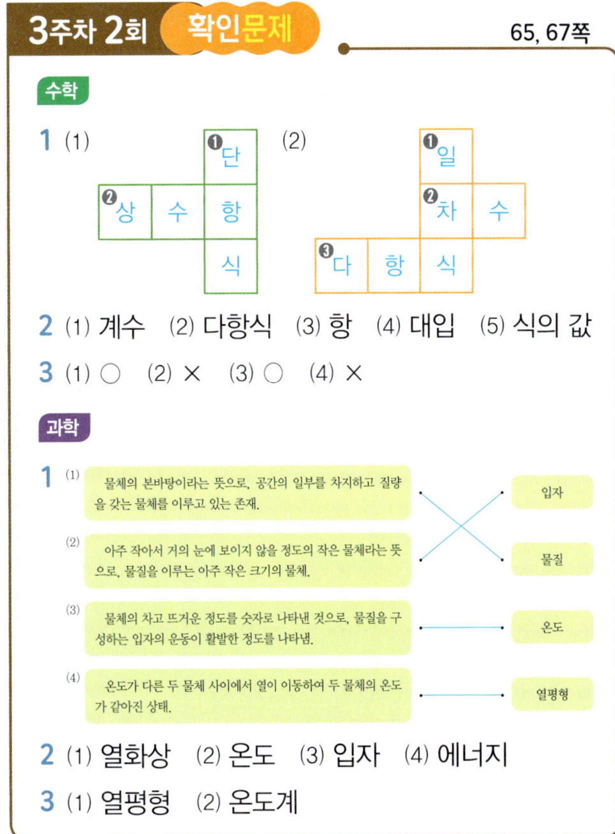

수학

2 (1) 식 $3x-2$에서 x의 '계수'는 3이다. (2) $-x+5y$는 $-x$, $5y$의 2개 항의 합으로 이루어진 '다항식'이다. (3) $3+2x-y=3+2x+(-y)$이므로 식 $3+2x-y$의 '항'은 3, $2x$, $-y$이다. (4) 문자를 사용한 식에서 문자 대신 수를 넣는 것을 '대입'이라고 한다. (5) 다항식 $-2x+6$에 $x=1$을 대입한 '식의 값'은 4이다.

3 (2) 상수항은 -7이다. 항을 말할 때 부호를 빠뜨리지 않도록 주의한다. (4) '동류항'은 문자와 차수가 각각 같은 항이다. $-4x$와 $2y$는 일차식이지만 문자가 서로 다르므로 '동류항'이 아니다.

과학

2 (1) 도심의 열대야 정도는 온도를 색깔로 나타내어 물체의 온도를 한눈에 볼 수 있게 한 '열화상' 사진으로 확인할 수 있다. (2) 물질을 구성하는 입자의 움직임이 둔할수록 '온도'가 낮다. (3) 온도가 높을수록 '입자'의 움직임이 활발하다. (4) 물체가 가지고 있는 일을 하는 능력을 통틀어 '에너지'라고 한다.

3 (1) 뜨거운 물과 차가운 물을 섞으면 열이 이동하여 '열평형'을 이뤄 미지근한 물이 된다. (2) 물체의 온도를 재는 장치는 '온도계'이다.

교과서 어휘 64쪽 대입 / 식의 값 / 항 / 다항식 / 차수 / 일차식 / 동류항
교과서 어휘 66쪽 물질 / 입자 / 온도 / 열평형 / 열화상 사진

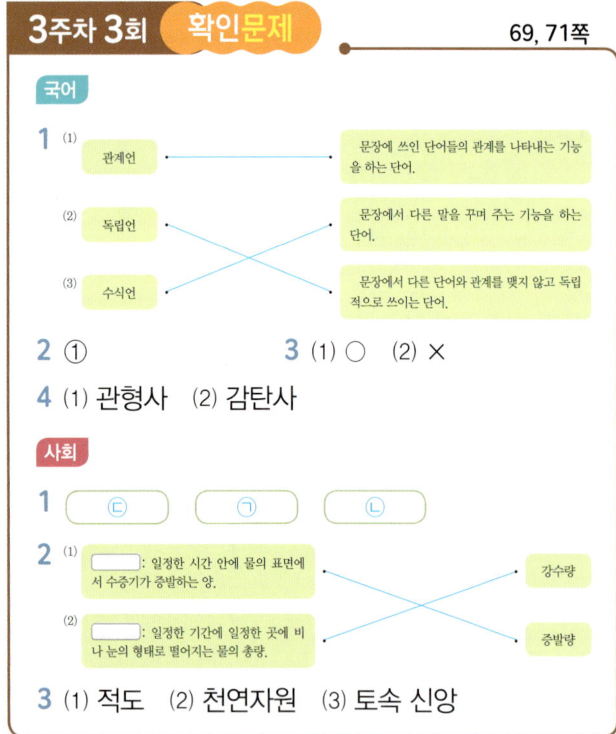

국어

2 '꽃이가'를 '꽃이'로 수정해야 하는데, '이, 가'처럼 문장에 쓰인 단어들의 관계를 나타내는 단어는 '조사'이다.

3 (1) 주로 용언을 꾸며 주는 단어는 '부사'이다. (2) 체언을 꾸며 주는 단어는 '관형사'이다.

4 (1) '새'와 '모든'은 '관형사'이다. (2) '네'는 대답을 나타내고 '오'는 느낌을 나타내는 '감탄사'이다.

사회

2 (1) 액체가 기체로 변해서 사라지는 것을 나타내는 단어는 '증발'이다. (2) 비, 눈, 우박, 안개 따위로 일정 기간 동안 일정한 곳에 내린 물의 총량을 나타내는 단어는 '강수량'이다. 일정한 기간에 일정한 곳에 내린 비의 양을 나타내는 단어는 '강우량', 일정한 기간에 일정한 곳에 내린 눈의 양을 나타내는 단어는 '강설량'이다.

3 (1) 적도 주변의 중앙 아프리카는 일 년 내내 기온이 높은 열대 기후가 나타난다. (2) 물, 땅, 석유 등과 같이 자연적으로 주어진 쓸모 있는 자원을 '천연자원'이라고 한다. (3) 아프리카 토속 신앙은 부족을 중심으로 발달하였다. 현재 아프리카에는 토속 신앙과 외래 종교가 결합하여 다양한 종교적 특색이 나타난 지역도 있고 토속 신앙이 쇠퇴한 지역도 있다.

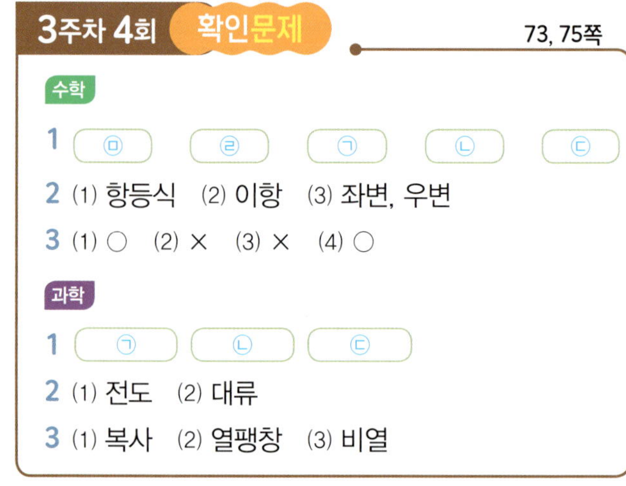

수학

2 (1) 등식 $3x-2x=x$에서 $x=x$이므로 미지수 x에 어떤 값을 대입하여도 항상 참이다. 항상 참이 되는 등식을 뜻하는 단어는 '항등식'이다. (2) 등식 $3+2x=5$에서 좌변에 있는 3을 우변으로 '이항'하면 $2x=5-3$이다. (3) 등식 $4x-2=x+1$에서 등호의 왼쪽 부분 $4x-2$를 '좌변', 오른쪽 부분 $x+1$을 '우변'이라고 한다.

3 등식은 등호 '='를 사용하여 두 수나 식이 서로 같음을 나타낸 식이므로 등호가 들어간 식을 찾아야 한다. (2)에는 등호가 없고, (3)은 부등호가 있으므로 등식이 아니고 부등식이다.

과학

2 (1) 그림은 열이 가해짐에 따라 입자의 움직임이 이웃한 입자에 차례로 전달되어 열이 이동하는 방식을 나타낸 것으로 열의 '전도'를 나타낸다. (2) 그림은 기체 물질이 구성하는 입자가 직접 이동하면서 열이 이동하는 방식을 나타낸 것으로 열의 '대류'를 나타낸다.

3 (1) 태양의 열이 지구로 전달되는 것이나 난로 앞에 있으면 따뜻함을 느끼는 것은 '복사'의 예이다. (2) 물체에 열을 가했을 때 물체의 길이나 부피가 늘어나는 현상이 '열팽창'이다. 열팽창이 일어나는 까닭은 물체에 열이 가해지면 물체를 구성하는 입자 운동이 활발해져 입자 사이의 거리가 멀어지기 때문이다. (3) 어떤 물질 $1\,\mathrm{kg}$의 온도를 $1\,^{\circ}\mathrm{C}$ 높이는 데 필요한 열량을 '비열'이라 한다. 비열이 큰 물질은 비열이 작은 물질보다 온도 변화가 작다.

한자

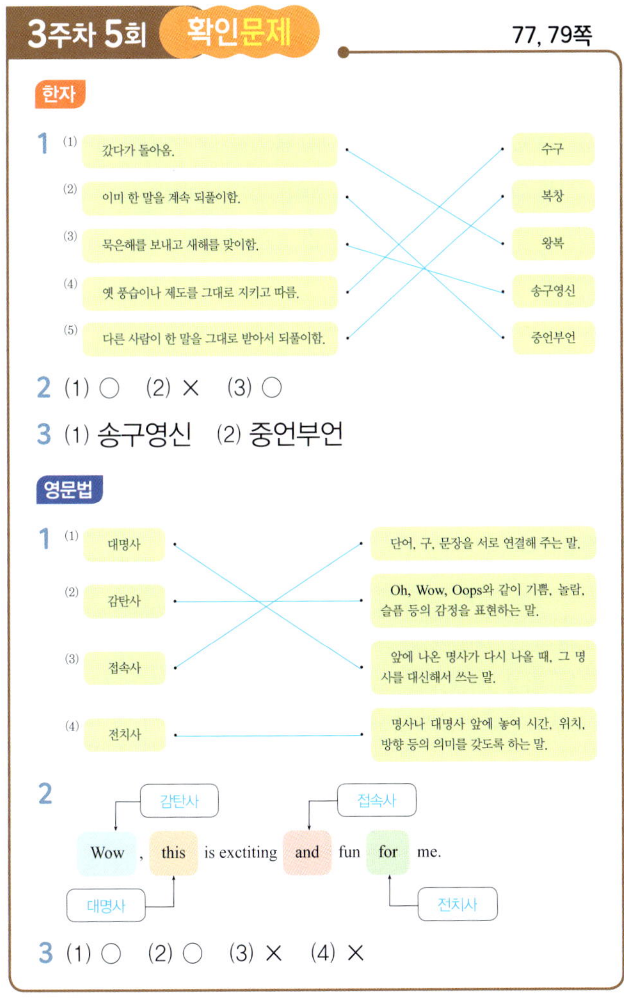

1
(1) 갔다가 돌아옴. — 왕복
(2) 이미 한 말을 계속 되풀이함. — 중언부언
(3) 묵은해를 보내고 새해를 맞이함. — 송구영신
(4) 옛 풍습이나 제도를 그대로 지키고 따름. — 수구
(5) 다른 사람이 한 말을 그대로 받아서 되풀이함. — 복창

2 (1) ○ (2) × (3) ○

3 (1) 송구영신 (2) 중언부언

영문법

1
(1) 대명사 — 앞에 나온 명사가 다시 나올 때, 그 명사를 대신해서 쓰는 말.
(2) 감탄사 — Oh, Wow, Oops와 같이 기쁨, 놀람, 슬픔 등의 감정을 표현하는 말.
(3) 접속사 — 단어, 구, 문장을 서로 연결해 주는 말.
(4) 전치사 — 명사나 대명사 앞에 놓여 시간, 위치, 방향 등의 의미를 갖도록 하는 말.

2

감탄사 / 대명사 → Wow , this is exciting and fun for me. ← 접속사 / 전치사

3 (1) ○ (2) ○ (3) × (4) ×

한자

2 (2) '수구'는 옛 풍습이나 제도를 그대로 지키고 따르는 것을 뜻하므로 급진적 사회 개혁에 찬성한다는 것은 알맞지 않다.

3 (1) 묵은해를 보내고 새해를 맞이한다는 뜻의 '송구영신'이 알맞다. (2) 이미 한 말을 계속 되풀이한다는 뜻의 '중언부언'이 알맞다.

영문법

2 Wow는 '와'라는 의미의 '감탄사', this는 '이것'이라는 의미의 '대명사', and는 exciting과 fun을 연결하는 '접속사', for는 대명사 me 앞에 놓여 '~에게'라는 의미를 갖는 '전치사'이다.

3 (1) Oops는 '아이고'라는 의미의 '감탄사'이다. (2) She는 '그녀'라는 의미의 '대명사'이다. (3) in은 '~ 안에'라는 의미의 '전치사'이다. (4) or는 앞뒤 단어를 연결해 주며, '혹은, 또는'이라는 의미를 갖는 '접속사'이다.

교과서 어휘 76쪽 수구 / 송구영신 / 왕복 / 복창 / 중언부언
교과서 어휘 78쪽 대명사 / 감탄사 / 접속사 / 전치사

---

1 (1) × (2) × (3) ○   **2** 체언, 수식언

3 ①   **4** 도시 재생

5 통합, 분리   **6** 아프리카

7 (1) 상수항 (2) 다항식   **8** (1) × (2) ○

9 (1) ○ (2) ○ (3) ×

10 (1) 열평형 (2) 열팽창 (3) 비열

11 활발해져, 둔해져

12

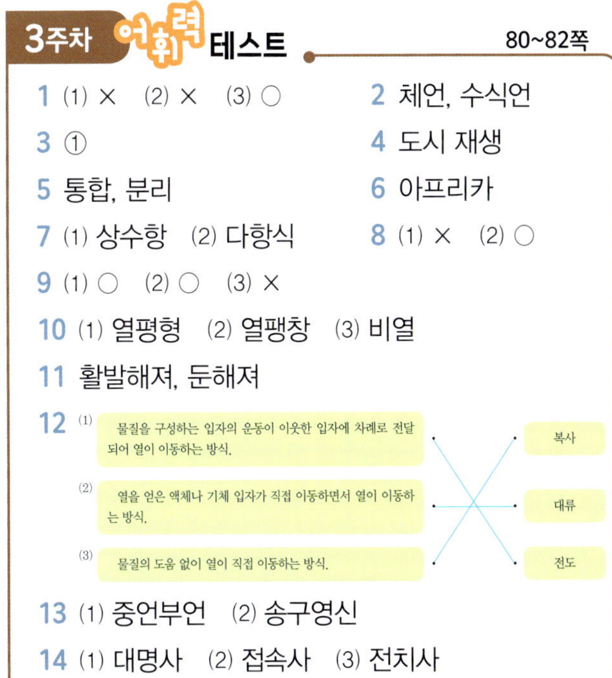

(1) 물질을 구성하는 입자의 운동이 이웃한 입자에 차례로 전달되어 열이 이동하는 방식. — 전도
(2) 열을 얻은 액체나 기체 입자가 직접 이동하면서 열이 이동하는 방식. — 대류
(3) 물질의 도움 없이 열이 직접 이동하는 방식. — 복사

13 (1) 중언부언 (2) 송구영신

14 (1) 대명사 (2) 접속사 (3) 전치사

---

2 문장에서 주어나 목적어 등으로 쓰여 몸의 기능을 하는 단어는 '체언'이고, 문장에서 다른 말을 꾸며 주는 기능을 하는 단어는 '수식언'이다. '용언'은 문장에서 주로 서술어의 기능을 하는 단어이고, '관계언'은 단어들의 관계를 나타내는 기능을 하는 단어이다.

5 1993년 유럽 연합(EU)의 설립으로 유럽 통합이 이루어졌고, 회원국들은 여러 분야에서 협력하고 위기에 함께 대응할 수 있게 되었다. 그리고 문화적·경제적 차이로 에스파냐의 카탈루냐가 독립을 요구하는 등 유럽은 분리·독립 움직임이 있다.

7 (1) 문자 없이 수로만 이루어진 식은 '상수항'이다. (2) 1개 또는 2개 이상의 항의 합으로 이루어진 식은 '다항식'이다.

9 (3) $3x=4-2x \Rightarrow 3x+2x=4$이다.

10 (1) 온도가 높은 물체와 낮은 물체가 접촉했을 때 열이 이동하여 두 물체의 온도가 같아진 상태를 '열평형'이라고 한다. (2) 물체에 열을 가했을 때 물체의 길이나 부피가 늘어나는 현상을 '열팽창'이라고 한다. (3) 어떤 물질의 온도를 높이는 데 필요한 열량을 '비열'이라고 한다.

11 물을 가열하면 물 입자의 운동이 활발해져 온도가 높아지고, 따뜻한 물이 식으면 물 입자의 운동이 둔해져 온도가 낮아진다.

13 (1) 이미 한 말을 계속 되풀이하는 것을 뜻하는 단어는 '중언부언'이다. (2) 묵은해를 보내고 새해를 맞이하는 것을 뜻하는 단어는 '송구영신'이다.

14 He(그)는 사람을 가리키는 '대명사', and(-고)는 앞뒤 단어를 연결해 주는 '접속사', to(에게)는 대명사 앞에서 방향의 의미를 갖는 '전치사'이다.

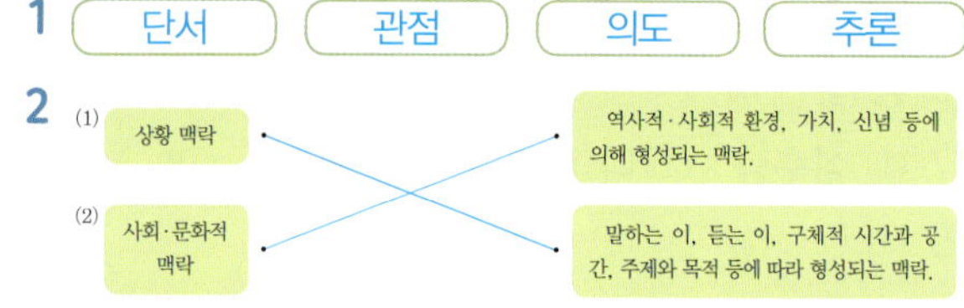

국어

1 단서 / 관점 / 의도 / 추론

2 (1) 상황 맥락 — 말하는 이, 듣는 이, 구체적 시간과 공간, 주제와 목적 등에 따라 형성되는 맥락.
(2) 사회·문화적 맥락 — 역사적·사회적 환경, 가치, 신념 등에 의해 형성되는 맥락.

3 (1) 비언어　(2) 준언어

사회

1 (1) 대평원　(2) 원주민　(3) 무역 장벽
(4) 식민 지배

2 (1) 문화 정체성　(2) 문화 혼종성

3 (1) 혼혈　(2) 원주민　(3) 초국적

국어

2 (1) 말하는 이, 듣는 이, 구체적 시간과 공간, 주제와 목적 등에 따라 형성되는 맥락은 '상황 맥락'이다. (2) 역사적·사회적 환경, 가치, 신념 등에 의해 형성되는 맥락은 '사회·문화적 맥락'이다.

3 (1) 언어 표현과는 별도로 의미를 전달하는 표현은 '비언어적 표현'이다. (2) 언어 표현에 직접 드러나 의미를 전달하는 표현은 '준언어적 표현'이다.

사회

2 (1) 문화가 본질적으로 가지고 있는 고유한 특성은 '문화 정체성'이다. (2) 서로 다른 문화가 만나 뒤섞이게 되어 제 3의 문화를 만들어 내는 현상을 '문화 혼종성'이라고 한다. 문화와 문화가 만나 기존의 문화 정체성을 약화시키거나 서로 혼종되어 새로운 문화를 만들어 내는 현상이다.

3 (1) 서로 다른 인종과의 혼인에 의해서 태어난 사람을 '혼혈(인)'이라고 한다. (2) 그 지역에 본디부터 살고 있는 사람들을 '원주민'이라고 한다. (3) '초국적 기업'은 한 국가에 본사를 두고 세계 여러 국가에서 자회사와 공장 등을 운영하며 상품을 생산·판매하는 기업이다.

교과서 어휘 84쪽 추론 / 단서 / 의도 / 관점 / 상황 맥락 / 준언어 / 비언어
교과서 어휘 86쪽 원주민 / 식민 지배 / 대평원 / 문화 혼종성 / 초국적 기업 / 무역 장벽

수학

1 (1) E　(2) C　(3) A　(4) B

2 (1) 좌표평면　(2) x축, y축　(3) 사분면

3 (1) x좌표　(2) 제3사분면　(3) y좌표, x축

과학

1 　㉠　㉢　㉡

2 (1) 변하고　(2) 변하지 않고　(3) 변하지 않고

3 (1) 확산　(2) 증발　(3) 상태 변화

수학

1 수직선 위에 대응하는 점을 그 점의 좌표라고 한다. 따라서 (1) $+3$에 대응하는 점은 점 E이다. (2) 0에 대응하는 점은 점 C이다. (3) -3에 대응하는 점은 점 A이다. (4) -1.5에 대응하는 점은 점 B이다.

2 (1) 좌표축이 만나는 점 O를 '원점', 좌표축이 그려져 있는 평면을 '좌표평면'이라고 한다. (2) 두 수직선이 원점 O에서 서로 수직으로 만날 때, 가로의 수직선을 'x축', 세로의 수직선을 'y축'이라고 하고 x축, y축을 '좌표축'이라고 한다. (3) x축, y축에 의하여 네 부분으로 나누어지는 평면을 '사분면'이라고 한다.

3 (1) 점 A$(-1, 2)$에서 -1은 점 A의 'x좌표', 2는 점 A의 'y좌표'이다. (2) 점 B의 x좌표와 y좌표의 부호가 모두 음수이면 '제3사분면'에 속한다. (3) 점 C$(3, 0)$은 'y좌표'가 0이므로 'x축' 위의 점이며, 어느 사분면에도 속하지 않는다.

과학

2 (1) 기체는 담는 그릇에 따라 모양과 부피가 변하고, 흐르는 성질이 있는 물질의 상태이므로 '변하고'가 알맞다. (2) 고체는 담는 그릇에 따라 모양과 부피가 변하지 않고 단단한 물질의 상태이므로 '변하지 않고'가 알맞다. (3) 액체는 담는 그릇에 따라 모양이 변하지만 부피가 변하지 않고, 흐르는 성질이 있는 물질의 상태이므로 '변하지 않고'가 알맞다.

3 (1) 부엌에서 음식을 하면 음식 냄새가 집 안 전체에 퍼지는 것은 '확산' 현상의 예이다. (2) 감을 말려 곶감을 만드는 것은 '증발' 현상의 예이다. (3) 쇳물이 식어 단단한 철이 되는 것은 액체가 고체로 변하는 '상태 변화'의 예이다.

교과서 어휘 88쪽 좌표 / 좌표축 / 좌표평면 / 순서쌍 / 사분면, 사분면
교과서 어휘 90쪽 확산 / 증발 / 고체 / 액체 / 기체 / 상태 변화

국어

1 ⓐ ㉠ ㄴ ㉣ ㉢

2 (1) × (2) ○ (3) ○

3 (1) 블로그 (2) 매체 (3) 생산자 (4) 언어폭력

사회

1
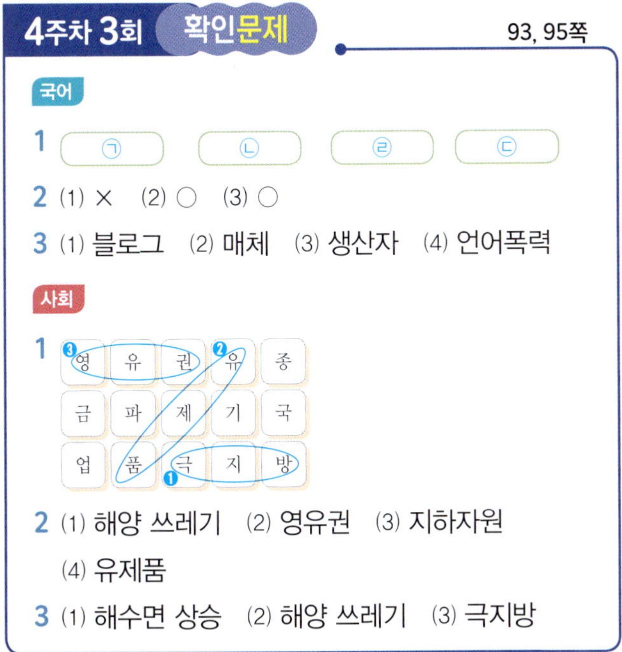

2 (1) 해양 쓰레기 (2) 영유권 (3) 지하자원
   (4) 유제품

3 (1) 해수면 상승 (2) 해양 쓰레기 (3) 극지방

수학

1 (1) 변수 (2) 그래프

2 (1) 정비례 (2) 반비례 (3) 정비례 (4) 반비례

3 (1) 정비례 관계, 직선
   (2) 반비례 관계, 만나지 않는, 곡선

과학

1

❶ 흡수
❷ 방출
❸ 융해
❹ 응고

2 (1) 기화 (2) 액화 (3) 융해 (4) 승화

3 (1) 기화 (2) 액화 (3) 승화

---

4 주차

국어

2 (1) '인신공격'은 다른 사람의 신체나 행동 또는 그 사람과 관련된 일이나 상황에 관한 것을 들어 비난하는 일을 뜻한다. 멀리 떨어져 있는 사람의 사정을 알리는 말이나 글을 뜻하는 단어는 '소식'이다.

3 (1) 사이버 공간에서 누리꾼이 자신의 관심사에 따라 자유롭게 게시물을 작성하여 올리는 웹사이트를 뜻하는 '블로그'가 알맞다. (2) 사람들의 생각이나 느낌을 전달하고 공유하는 수단을 뜻하는 '매체'가 알맞다. (3) 매체 자료의 정보를 만들어 내는 사람을 뜻하는 '생산자'가 알맞다. (4) 말을 할 때 교양이 없는 이야기를 늘어놓거나 욕설, 협박하는 일을 뜻하는 '언어폭력'이 알맞다.

사회

2 (1) 해류와 바람의 영향으로 바다로 유입되는 '해양 쓰레기'는 바다를 오염시키고 해양 생태계를 위협하고 있다. (2) 북극해에는 많은 양의 천연가스와 석유가 매장된 것으로 추정되는데, 이 때문에 북극해에 인접한 국가들은 북극해의 '영유권'을 주장하고 있다. (3) 땅속에 묻혀 있는 철광석, 석탄, 금 등은 '지하자원'이다.

3 (1) 바닷물의 표면이 높아지는 것을 '해수면 상승' 현상이라고 한다. (2) 각종 해양 쓰레기는 바다를 오염시키고 해양 생태계를 위협하는데, 결국 해양 쓰레기의 순환에 의해 인간의 건강까지도 위협하게 되는 것이다. (3) 극지방의 빙하 속에는 과거의 지구 환경이 고스란히 보존되어 있어 지구를 연구하는 데 많은 도움이 된다.

교과서 어휘 92쪽 블로그 / 매체 자료 / 적절성 / 생산자 / 정보 윤리 / 언어폭력 / 인신공격
교과서 어휘 94쪽 지하자원 / 유제품 / 해수면 상승 / 해양 쓰레기 / 극지방 / 영유권

수학

2 (1), (3) x와 y가 정비례하면 x와 y 사이의 관계식은 $y=ax(a+0)$이다. (2), (4) x와 y가 반비례하면 x와 y 사이의 관계식은 $y=\dfrac{a}{x}(a+0)$이다.

3 (1) 정비례 관계 $y=3x$의 그래프는 원점을 지나는 직선이다. (2) 반비례 관계 $y=\dfrac{2}{x}$의 그래프는 두 좌표축에 한없이 가까워지지만 좌표축과 만나지 않는 한 쌍의 매끄러운 곡선이다.

과학

2 (1) 액체에서 기체로 변하는 현상은 '기화'이다. (2) 기체에서 액체로 변하는 현상은 '액화'이다. (3) 고체에서 액체로 변하는 현상은 '융해'이다. (4) 고체에서 기체로 변하는 현상은 '승화'이다.

3 (1) 젖은 빨래가 마르는 것은 액체에서 기체로 상태가 변하는 '기화' 현상이다. (2) 목욕탕 천장에 물방울이 맺히는 것은 기체에서 액체로 상태가 변하는 '액화' 현상이다. (3) 추운 겨울날 유리창에 성에가 끼는 것은 기체에서 고체로 상태가 변하는 '승화' 현상이다.

교과서 어휘 96쪽 변수 / 그래프 / 정비례 / 정비례 관계 / 반비례 / 반비례 관계
교과서 어휘 98쪽 기화 / 액화 / 융해 / 응고 / 승화 / 열에너지 / 흡수 / 방출

한자

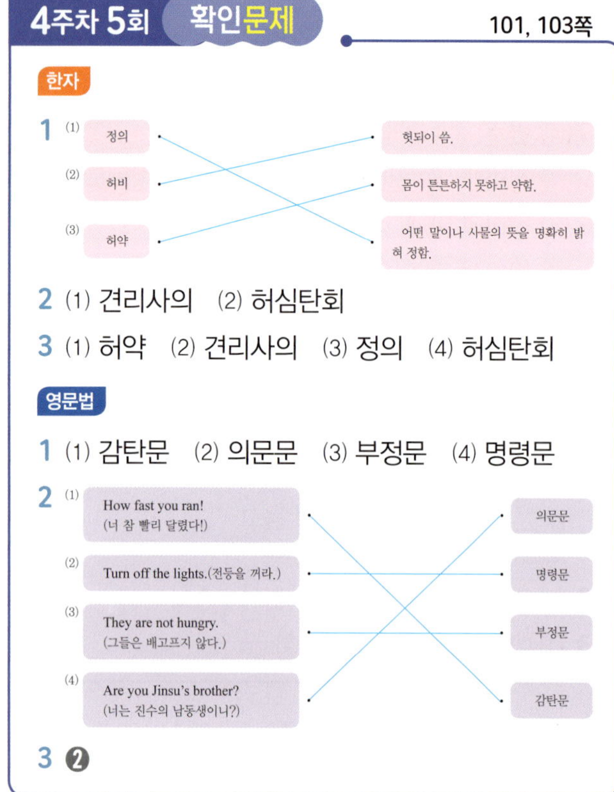

2 (1) 견리사의   (2) 허심탄회

3 (1) 허약   (2) 견리사의   (3) 정의   (4) 허심탄회

영문법

1 (1) 감탄문   (2) 의문문   (3) 부정문   (4) 명령문

2

3 ❷

한자

2 (1) 눈앞의 이익을 보면 옳은 것인지 먼저 생각함을 뜻하는 단어는 '견리사의'이다. (2) 품은 생각을 터놓고 말할 만큼 아무 거리낌이 없고 솔직함을 뜻하는 단어는 '허심탄회'이다.

3 (1) 병원에서 지내는 일이 많았다고 하였으므로 '허약'이 알맞다. (2) 눈앞의 이익을 보더라도 그것이 옳은지 먼저 따져 본다고 하였으므로 '견리사의'가 알맞다. (3) 사람들이 생각하는 사랑의 뜻에 대한 내용이므로 '정의'가 알맞다. (4) 모든 것을 내려놓고 의견을 주고받았다고 하였으므로 '허심탄회'가 알맞다.

영문법

2 (1) How로 시작하는 '감탄문'이다. (2) 전등을 끄라고 지시하고 있으므로 '명령문'이다. (3) 부정어 not이 있으므로 '부정문'이다. (4) 상대방에게 질문을 하고 있으므로 '의문문'이다.

3 (1) 이리로 오라고 지시하는 '명령문'이다. (2) 부정어 Never가 있으므로 '부정문'이다. (3) 멋짐에 감탄하고 있으므로 '감탄문'이다. (4) 상대방에게 슬픈지 묻고 있으므로 '의문문'이다.

---

1 추론

2 (1) 준언어적 표현   (2) 비언어적 표현

3 생산자, 수용자   **4** 문화 혼종성

5 초국적 기업   **6** 극지방

7 (1) 정비례   (2) 좌표평면

8 (1) ○   (2) ×   **9** 기체, 고체

10 증발   **11** (1) 응고   (2) 승화

12 (1) 견리사의   (2) 허심탄회

13 (1) 명령문   (2) 부정문   (3) 의문문   (4) 감탄문

---

2 (1) 말의 속도, 크기, 발음, 억양 등으로 언어 표현에 직접 드러내 의미를 전달하는 표현은 준언어적 표현이다. (2) 언어 표현과는 별도로 시선이나 표정, 몸짓, 자세 등을 통해 의미를 전달하는 표현은 비언어적 표현이다.

3 매체를 통해 일반 사람들에게 정보를 알리는 사람을 '생산자'라고 하고, 매체를 통해 정보를 얻는 사람을 '수용자'라고 한다.

4 서로 다른 문화가 만나 뒤섞이게 되어 새로운 문화를 만들어 내는 현상을 '문화 혼종성'이라고 한다.

6 북극과 남극 주변에 위치한 고위도 지역이라는 것으로 보아 '극지방'임을 알 수 있다.

7 (1) 한쪽 양이 커짐에 따라 다른 쪽 양도 그와 같은 비로 커지는 관계는 '정비례'이다. (2) 두 변수 사이의 관계를 좌표평면 위에 점, 직선, 곡선 등으로 나타낸 그림을 '그래프'라고 한다.

8 (2) 두 수직선이 점 O에서 서로 수직으로 만날 때, 가로의 수직선인 x축과 세로의 수직선인 y축을 '좌표축'이라고 한다.

9 액체와 기체는 담는 용기에 따라 모양이 변하고, 액체와 고체는 담는 용기가 바뀌어도 부피가 일정하다.

10 소금물에서 액체인 물이 기체로 변한 현상이므로 '증발'이 알맞다.

11 (1) 액체가 고체로 변하는 현상으로 '응고'가 알맞다. (2) 기체가 고체로 변하는 현상으로 '승화'가 알맞다.

12 (1) 눈앞의 이익을 보면 옳은 것인지 먼저 생각함을 뜻하는 단어는 '견리사의'이다. (2) 품은 생각을 터놓고 말할 만큼 아무 거리낌이 없고 솔직함을 뜻하는 단어는 '허심탄회'이다.

13 (1) 상대방에게 어떤 행동을 하도록 지시를 내리는 '명령문'이다. (2) 그렇지 않다고 말하는 '부정문'이다. (3) 상대방에게 질문해 대답을 요청하는 '의문문'이다. (4) 놀람, 감탄 등의 감정을 나타내는 '감탄문'이다.

중/학/기/본/서 베/스/트/셀/러

교과서가 달라도,
한 권으로 끝내는
자기 주도 학습서
뉴런

국어 1~3 　영어 1~3 　수학 1(상)~3(하)
사회 ①, ② 　과학 1~3 　역사 ①, ②

문제 상황

뉴런으로 해결!

학교마다 다른 교과서 → 어떤 교과서도 통하는 중학 필수 개념 정리

자신 없는 자기 주도 학습 → 개념과 실전이 모두 담긴 All-in-One 구성,
무료 강의로 자기 주도 학습 완성

해설이나 풀이가 꼭 필요한 부분 → 문항코드로 원하는 문항의 해설이나
풀이로 바로 연결

중학
어휘가
문해력
이다
정답과 해설

3주차 어휘 학습 점검

3주차에서 학습한 어휘를 잘 알고 있는지 ✔ 해 보고,
잘 모르는 어휘는 해당 쪽으로 가서 다시 한번 확인해 보세요.

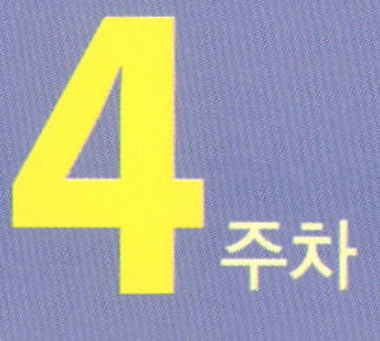

4주차 어휘 학습 점검

중학 1학년 1학기

4주차에서 학습한 어휘를 잘 알고 있는지 ✔ 해 보고,
잘 모르는 어휘는 해당 쪽으로 가서 다시 한번 확인해 보세요.

국어

- ☐ 추론 ········ 84
- ☐ 단서 ········ 84
- ☐ 의도 ········ 84
- ☐ 관점 ········ 84
- ☐ 상황 맥락 ········ 84
- ☐ 준언어 ········ 84
- ☐ 비언어 ········ 84
- ☐ 블로그 ········ 92
- ☐ 매체 자료 ········ 92
- ☐ 적절성 ········ 92
- ☐ 생산자 ········ 92
- ☐ 정보 윤리 ········ 92
- ☐ 언어폭력 ········ 92
- ☐ 인신공격 ········ 92

사회

- ☐ 원주민 ········ 86
- ☐ 식민 지배 ········ 86
- ☐ 대평원 ········ 86
- ☐ 문화 혼종성 ········ 86
- ☐ 초국적 기업 ········ 86
- ☐ 무역 장벽 ········ 86
- ☐ 지하자원 ········ 94
- ☐ 유제품 ········ 94
- ☐ 해수면 상승 ········ 94
- ☐ 해양 쓰레기 ········ 94
- ☐ 극지방 ········ 94
- ☐ 영유권 ········ 94

수학

- ☐ 수직선 위의 점의 좌표 ········ 88
- ☐ 좌표축 ········ 88
- ☐ 좌표평면 ········ 88
- ☐ 순서쌍 ········ 88
- ☐ 사분면 ········ 88
- ☐ 변수 ········ 96
- ☐ 그래프 ········ 96
- ☐ 정비례 ········ 96
- ☐ 정비례 관계의 그래프 ········ 96
- ☐ 반비례 ········ 96
- ☐ 반비례 관계의 그래프 ········ 96

과학

- ☐ 확산 ········ 90
- ☐ 증발 ········ 90
- ☐ 고체 ········ 90
- ☐ 액체 ········ 90
- ☐ 기체 ········ 90
- ☐ 상태 변화 ········ 90
- ☐ 기화 ········ 98
- ☐ 액화 ········ 98
- ☐ 융해 ········ 98
- ☐ 응고 ········ 98
- ☐ 승화 ········ 98
- ☐ 열에너지 ········ 98
- ☐ 흡수 ········ 98
- ☐ 방출 ········ 98

영문법

- ☐ 부정문 ········ 102
- ☐ 의문문 ········ 102
- ☐ 명령문 ········ 102
- ☐ 감탄문 ········ 102

한자

- ☐ 견리사의 ········ 100
- ☐ 정의 ········ 100
- ☐ 허심탄회 ········ 100
- ☐ 허비 ········ 100
- ☐ 허약 ········ 100